U0033771

擘劃東亞新秩序

——開羅會議中國代表團紀錄彙編

Historical Materials on China Mission to the Cairo Conference, 1943

呂芳上　主編

目錄

編輯緣起

1943 年 11 月 22 日，中美英三國領袖於埃及開羅舉行會談。是月日本正大舉進攻湖南常德，戰局並不穩定，然而此次會談卻是中國被列為「四強」後首次登上世界級的外交舞臺，因此國民政府蔣中正主席夫婦依然決定離境前往與會。中國方面派出代表團一行共十八人出席，除蔣中正夫婦外，尚有外交、軍事以及新聞人員等，各負職責。他們 11 月 18 日由重慶乘飛機出發，飛越群山，經印度前往開羅。開羅會議於 11 月 26 日落幕，公報隨後發布，即為《開羅宣言》。本年逢開羅會議八十週年，民國歷史文化學社特將此批中國代表團紀錄彙編成書，其中蔣中正之紀錄摘錄自《蔣中正總統五記》，隨員王寵惠、商震、林蔚等人資料則為返國後呈遞之工作報告，冀由代表團成員的日記、工作日誌與出國報告，展示宣言形成之過程。

導論

蔣中正、開羅會議與戰後東亞新秩序的形成

呂芳上

民國歷史文化學社社長

中央研究院近代史研究所兼任研究員

一、中國列為「四強」之一，「此言聞之，但有慚惶而已」[1]

國際外交，一向是大國之間的博奕，弱小國家如不是列強的一枚棋子，便往往會成俎上之肉。中國不能稱小國，但晚清以來卻逃不了被帝國主義者欺壓之弱國的命運。鴉片戰爭之後百年，中國的國運開始有了轉折，1941 年底太平洋戰爭爆發，應該是這一轉變的起點。

晚清，知識分子大聲疾呼「救亡圖存」；民國初年，從「反列強」到「反帝」，無不植基於日益壯大的民族主義。迨 1937 年蘆溝橋事變，國民政府能提出的只是「抗戰自衛」聲明，強國多半袖手旁觀，直到歐戰爆發（1939）、珍珠港事變（1941），中國以弱大國家，自力苦戰已經數年。1942 年 1 月，美國總統羅斯福（Franklin D. Roosevelt）授予中國「四強」名號，

1 「蔣中正日記」（未刊稿），1942 年 1 月 3 日，手稿影本，史丹福大學胡佛研究所藏。

同時邀請蔣中正出任包含泰、越在內之「中國戰區」的最高統帥。蔣固然認為這是「國家與個人之榮譽與地位，實有史以來空前唯一優勝之局」，但也「甚恐有名無實，盜虛名而受實禍，能不戒慎乎哉。」[2] 羅斯福是兼具理想主義與現實主義的政治家，將中國留在抗日戰場上，以求歐戰先行解決，這也許出於美國作戰策略，惟認定殖民帝國的時代已近尾聲，故以「大國」看待中國，應是出於誠意。[3] 不過，根據蔣過去與強國交手的經驗，包括美國國務院和軍方的一些人，英國邱吉爾（Winston Churchill）或蘇聯的史達林（Joseph Stalin），卻未必有這樣的胸懷，後來印度問題、香港問題、《雅爾達密約》等交涉過程和體驗，夾雜在「榮寵」與被「藐視」交織的矛盾，作為一個弱國領袖，成了世界四強之一的心理負擔，「慚惶」與「戒懼不勝」兼具，[4] 是可以想像的。

蔣中正在北伐統一後才真正躋入政治核心，「安內」期間，沒有太多的精力注意國際外交，直到 1931 年「九一八」之後，從日記中的觀察，他明顯的涉入國際事務。[5] 抗戰時期的日記清楚看到他的外交認識和主張，外交部「戰後外交資料整理研究委員會」、軍事委

2 「蔣中正日記」，1942 年 1 月「本月反省錄」。

3 Barbara W. Tuchman, *Stilwell and the American Experience in China, 1911-1945* (New York: Macmillan, 1971), Chapter 10.

4 「我國簽字於四國共同宣言，羅斯福對子文特別表示稱『歡迎中國為四強之一』，此言聞之，但有慚惶而已。」「反侵略陣線各國簽訂共同宣言，我國始列為世界四強之一，甚恐名不符實，故更戒懼不勝也。」「蔣中正日記」，1942 年 1 月 3 日，「上星期反省錄」。

5 「蔣中正日記」，1931 年 9 月 20 日。

員會參事室和國防最高委員會的「國際問題討論會」，顯然都是他的外交智囊團。[6] 二戰初期，蔣以弱國追求「大國夢」，他的「亞洲情結」和「開羅設想」，深刻的影響戰後東亞新秩序的重構。

這篇論文是以史丹福大學胡佛研究所收藏的蔣中正日記為基礎，參考國史館庋藏開羅會議專檔中國代表團成員的隨行日誌，輔以中外相關研究形成。蔣開羅會議期間的日記是會後回重慶的 12 月初補記的，真實性沒問題，內心世界也表現得淋漓盡致，值得提出討論。

二、開羅逗留七日，「乃余登外交舞臺之第一幕也」[7]

二次大戰初期，德、日軸心國占盡上風，德國侵入法國、北歐、非洲地中海後，進攻蘇聯，莫斯科岌岌可危；日本擁有華北、華中，又進行太平洋戰爭，幾統有東南亞，直逼新幾內亞、索羅門群島。不過，到 1942 年後有了變化，這一年 6 月，日本中途島之敗，喪失制海權，11 月瓜達康納爾之敗，凶鋒不繼。1943 年初，德軍在史達林格勒受挫，喪失大規模戰鬥能力，5 月，非洲集團軍被殲，德軍勢力大挫。同一年 9 月，義大利投降。7 月之後，蘇軍西進，美軍在太平洋跳島戰術，

---

6 參見呂芳上，〈為戰後中國外交綢繆：國防最高委員會「國際問題討論會」的組織與運作（1941-1945）〉，收入呂芳上，《民國史論》，下冊（臺北：臺灣商務印書館，2013），頁 1315-1376。

7 「蔣中正日記」，1943 年 11 月 28 日，「上星期反省錄」。

索羅門群島之勝，麥克阿瑟將軍（Douglas MacArthur）攻新幾內亞，美國海軍也恢復了珍珠港事變前的戰鬥力，日本南洋勢力式微，本土已然受到威脅。這樣，盟國的勝利在望，於是開羅會議（1943年11月22-26日）與接著德黑蘭會議（1943年11月28日-12月1日）的討論內容，也就會放在爭取最後勝利的戰略措施和戰後問題的處理了。[8]

太平洋戰後，羅斯福從美國國家利益出發，想在亞洲扶植一個民主的中國取代日本，以穩定戰後亞洲的秩序。[9] 為此，他拉拔中國為世界四強之一，並陸續伸出友好之手，1942年10月英美聲明進行廢除不平等條約的交涉，次年1月11日平等新約分別在華府、重慶簽字。百年之痛，使四強之一的領袖蔣中正頗為「有感」。[10] 1943年10月，儘管中國並沒有代表參加莫斯科美英蘇三國外長會議，但在美「使中國成為大國」的強力表示下，中國受邀，由駐蘇大使傅秉常以全權資格在莫斯科《普遍安全宣言》上簽字，進一步為走上「大

8 1943年7月8日，「蔣中正日記」中，蔣看到開羅之約的目的，遂謂：「擬覆羅斯福總統電稿贊成其秋季會晤之約，據其與余妻談稱歐戰將於秋後或明春可以結束之語，則其開闢歐洲第二戰場之時間必不在遠，彼之所以急於與余約會，欲得余覆電者，乃必欲最近期內先晤史大林與史約束戰後問題也。」

9 參見 Tang Tsou, *America's Failure in China, 1941-1950* (Chicago: University of Chicago Press, 1963)；齊錫生，《劍拔弩張的盟友：太平洋戰爭期間的中美軍事合作關係（1941-1945）》（臺北：中央研究院、聯經出版公司，2011），頁22-26。

10 「雙十節接獲美英自動放棄我中國治外法權，重定新約之通告，此乃為總理革命以來畢生奮鬥最大之目的，而今竟能由我親手達成，衷心快慰，實為平生惟一之幸事也。」「蔣中正日記」，1943年10月10日，「上週反省錄」。

國」角色，敷平道路。[11] 依此宣言，中國政府有權利與責任參與各大國結束戰爭的協調行動、籌組戰後國際組織，由此參與 1944-1945 年聯合國的創立，取得安理會常任理事席位。

1942 年冬到次年 6 月，蔣夫人宋美齡訪美期間及在美的外交部長宋子文，顧及打通滇緬路方案之紛擾，及可預見的戰爭結束後亞洲秩序的重建問題，數次要羅斯福盡快召集四強首腦見面開會商討。[12] 從 1943 年 6 月至 11 月初，透過電報往返聯絡，終於敲定 11 月 22 日中美英三國領袖先在埃及開羅舉行三巨頭會；11 月 27 日，美英蘇領袖接著在德黑蘭見面。[13] 於是中國領袖出席二次大戰時期十四次高峰會中唯一的一次，[14]

11 傅秉常在日記中說：「我國自加入此次宣言後，已與美、英、蘇三強平等，而居領導世界政治之地位，對於擊潰敵人及重建世界和平，均有莫大關係，不獨為我國歷史之最重要之文件，即世界和平史上亦一極大轉變之文獻。余得參加簽名於此，實為一生最大榮幸之事。」傅秉常著，傅錡華、張力校註，《傅秉常日記：民國三十二年（1943）》（臺北：中央研究院近代史研究所，2012），頁 172-173。

12 1943 年 7 月 4 日，羅斯福電提及蔣夫人告知今秋擬會晤之安排；7 月 9 日，蔣交待夫人與羅斯福晤談要旨；8 月 21 日，蔣電宋子文開會地點；8 月 30 日，宋子文致蔣有關戰後和平集團及軍事組織之磋商電。高素蘭編，《蔣中正總統檔案：事略稿本》，第 54 冊（臺北：國史館，2011），頁 44、57、61、348、418。

13 1943 年 6 月初，羅約三國領袖會晤，蔣認係一時虛榮，婉拒，其後蔣致宋子文電，認為蘇日尚未決裂，與史達林見面，史如為難，可以考慮美英蘇先會談。7 月 4 日，羅致蔣電，在蔣夫人建議下，可考慮在華府與重慶間選一適當地點會晤；7 月 8 日，蔣電羅，同意與會，並以 9 月以後為佳；8 月，蔣電宋子文，同意羅提議在非洲相晤；11 月 9 日，羅電蔣，確定 11 月 21 日約晤於開羅，26 日另約史達林於另地見面。同時 11 日邱吉爾亦電蔣，表達相晤，「得以商討如何早日克服共同敵人及策進同盟國將來各方面之合作，至為興奮」。〈革命文獻—同盟國聯合作戰開羅會議〉，《蔣中正總統文物》，國史館藏：002-020300-00023-001 至 002-020300-00023-016。

14 據梁敬錞的統計，二戰時期高峰會議發動於羅斯福、邱吉爾，在十四也是蔣中正自詡登上國際「外交舞臺的第一幕」便將開始。

事實上，1942年中國躍上國際外交舞臺，成為「大國」時，蔣就有明顯的「亞洲情結」。[15] 這一由民族主義出發的「亞洲情結」有兩個特徵：一是既反對帝國主義又依賴帝國主義者，蔣對「四強」有「愛」「懼」交加的矛盾心態。二是積極扶植亞洲的民族國家解放與獨立，但又不以亞洲「領導者」自居。1941年8月，英美領袖發表《大西洋憲章》，指出要「尊重各民族自由，決定其所賴以生存之政府形式之權利，各民族中此項權利有橫遭剝奪者，俱欲使其恢復原有主權與自主政府。」[16] 緊接著表態的邱吉爾說，這話是針對納粹征服地而發，不適用於英帝國治下的印緬。[17] 蔣則認為這一普世原則，該制定同類型的《太平洋憲章》以作為「解決亞洲各民族之張本，使之皆得平等自由。」[18] 1942年8月，蔣出訪印度，他把此行界定為「濟弱扶傾」之旅，惦記的是解放亞洲被壓迫的民族，也把中國包括進去，突顯了民族主義對抗帝國主義的一面。

次會議中，邱參加十三次半、羅十一次，史達林五次，蔣中正、杜魯門各一次，英外相艾德禮半次。見梁敬錞，〈開羅會議之背景〉，《中央研究院近代史研究所集刊》，第3期（上冊）（1972.07），頁2-4。

15 「亞洲情結」，見段瑞聰，〈太平洋戰爭前期蔣介石的戰後構想（1941-1943）〉，《國史館館刊》，第32期（2012.06），頁135。

16 秦孝儀主編，《中華民國重要史料初編—對日抗戰時期》，第三編戰時外交（臺北：中國國民黨中央委員會黨史委員會，1981），頁793-794。

17 秦孝儀主編，《中華民國重要史料初編—對日抗戰時期》，第三編戰時外交，頁796。

18 「蔣中正日記」，1942年3月14日，「上星期反省錄」。

有意思的是他接受帝國主義者（英、美）的安排，晉身四強之階，卻批判帝國主義的是與非，且又時時提醒自己不要稱霸。[19]

由於蔣中正極力倡言亞洲被殖民國家戰後獨立的主張，甚至衍生出黃白種人鬥爭的意識，這就不免引起了外人對黃種人排外的疑慮。1942 年 8 月，訪華的美國特使居里（Lauchlin B. Currie）即指出宜推進民主主義，並少講「中國為亞洲之領導」字眼，以減少疑忌。[20] 蔣以後果真一再否認以亞洲領導者自居，而以美國為馬首。在 1943 年開羅會議時，蔣中正放棄收回琉球，拒絕羅斯福讓中國占領日本的要求，恐怕多少都和為了不引起美國的懷疑有關。[21] 會議還沒開，蔣就說：「余此去與羅、邱會談，應以澹泊自得、無求於人為惟一方針，總使不辱其身也。對日處置提案與賠償損失等事，當待英、美先提，切勿由我主動自提，此不僅使英、美無所顧忌，而且使之畏敬，以我乃毫無私心於世界大戰也。」[22] 這就是蔣的「亞洲情結」的另一面。

---

19 蔣常視英人為「自私自利者」、「狡獪之流」（「蔣中正日記」，1942 年 5 月 16 日），對美國也提防。1942 年 5 月，與史迪威相處不悅，引發他對友邦的懷疑，「今而後知所謂同盟與互助皆為虛妄之言，美國亦不能外此例乎。幸而今日我中國尚有一片土地與相當兵力以圖自存，而未為帝國主義者完全犧牲耳。」「蔣中正日記」，1942 年 5 月「本月反省錄」。

20 秦孝儀主編，《中華民國重要史料初編—對日抗戰時期》，第三編戰時外交，頁 703。蔣有關黃白人種鬥爭的意識，見之於「蔣中正日記」，1941 年 5 月 20 日、6 月 16 日、8 月 17 日、20 日。

21 參見段瑞聰，〈太平洋戰爭前期蔣介石的戰後構想（1941-1943）〉，頁 121-152。

22 「蔣中正日記」，1943 年 1 月 17 日。

三、會議結果「以政治收穫為第一，軍事次之，經濟又次之」[23]

1943 年 11 月初，美英中三國領袖開羅之約既經拍板定案，羅斯福先派赫爾利（Patrick Jay Hurley）為私人代表訪華，說明開羅會議用心，解釋英、俄與邱吉爾的用意，對中英、中俄關係進行協調。蔣對羅的誠意有所感動。[24] 蔣隨後即令所屬準備會議資料及提案，11 月 14 日，參事室提供「我方應提出之問題」顯示，會議擬就對日反攻戰略、日本無條件投降時應接受之條款、戰後國際重要問題，以及中美、中英關係等提供簡要說明。這與蔣 7 月以來日記中的記述沒有太多出入。[25]

11 月 18 日，蔣率同中方代表團共十八人出席，正式名單除蔣中正夫婦外的十六人如表：[26]

---

23 「蔣中正日記」，1943 年 11 月 30 日，「上星期反省錄」。

24 「蔣中正日記」，1943 年 11 月 12 日。

25 軍委會參事室擬，「我方應提之問題」（1943 年 11 月），〈革命文獻—同盟國聯合作戰：開羅會議〉，《蔣中正總統文物》，國史館藏：002-020300-0023-017。蔣中正在 1943 年 7 月初即注意與羅斯福、邱吉爾會議可注意事項，重點放在大西洋憲章之運用、戰後國際和平機構重建、中美英聯合參謀本部之設立、戰後日本公私產業之處分、中美財經合作問題上。見「蔣中正日記」，1943 年 7 月 9 日、8 月 9 日、11 月 2、5、12、14 日。

26 正式名單見王寵惠，「開羅會議日誌」（1943 年 11 月 21-27 日），〈革命文獻—同盟國聯合作戰：開羅會議〉，國史館藏，《蔣中正總統文物》，典藏號：002-020300-00023-021。

姓名	時任職務
王寵惠	國防最高委員會秘書長
商　震＊	軍事委員會辦公廳主任
林　蔚＊	侍從室第一處主任
周至柔＊	軍事委員會航空委員會主任
董顯光	宣傳部副部長
楊宣誠＊	軍令部第二廳廳長
郭斌佳	外交部參事
俞濟時＊	侍衛長
蔡文治＊	駐美軍事代表團團員
朱世明＊	駐華盛頓陸軍武官
黃仁霖＊	軍事委員會戰地服務團總幹事
陳希曾	侍從室組長
陳平階＊	侍從武官
俞國華	侍從秘書
左維明	隨從醫官
陳純廉	蔣夫人英文秘書

註：＊軍事人員。

這個代表團可注意的是：

（一）陣容小，比起英方四百人，美方一百四十人，只能說短小精悍；

（二）軍事人員比文職人員為多，重心似乎放在軍事；

（三）國際高峰會，國府外交部參與人員少，當時外交部長宋子文適自美歸來，因史迪威（Joseph W. Stilwell）去留問題與蔣齟齬，致遭冷遇，未預其事。

時代表團規定各員任務如次：

政　　治－王寵惠、郭斌佳；

軍　　事－商　震、林　蔚、周至柔、楊宣誠、朱世明、蔡文治；

新　　聞－董顯光；

國際要聞－郭斌佳；
交　　際－朱世明、陳平階；
文　　書－俞國華；
警　　衛－俞濟時、陳平階；
庶　　務－黃仁霖、陳希曾。[27]

一行於11月21日抵達開羅培因（Paynefield）機場，入住埃及西南十五公里尼羅河西岸的米納（Mena）飯店。同日到達的為邱吉爾首相，次日到達的是羅斯福總統。

依照蔣中正日記，從重慶到開羅間的旅程，他還是看書不懈，去程翻閱美國外交白皮書《和平與戰爭》，回程看梁啟超的《自由書》，對梁的學問表示佩服。11月21日到27日在埃及行程緊湊，據「日記」的記載，他與邱吉爾見過五次面，除了應酬之外，多為反攻緬甸軍事，進行商議。但，沒有什麼結果。邱自嘲是「壞老頭」，蔣對他的印象不如過去惡劣，說他是「昂克爾薩克遜民族之典型人物」，然評價也不高，以「狹隘浮華、自私頑固」形容之。[28] 蔣與羅斯福也見過五次

27 當時參加兩次中美英聯合參謀會議的有6人：商震、林蔚、周至柔、楊宣誠、朱世明及蔡文治。其他軍事人員並不參預軍事問題的討論，如俞濟時、陳平階負責警衛，黃仁霖負責庶務。〈開羅會議（二）〉，《蔣中正總統文物》，國史館藏：002-080106-00022-001。

28 21日，「與亮疇訪邱談半小時，頗融洽，比未見以前想像者較優也。」（「蔣中正日記」，1943年11月21日）；22日，上午邱吉爾來見蔣，與蔣夫人談話不斷，「彼首問余妻曰：你平時必想我邱某是一個最壞的老頭兒乎？妻答之曰：要請問你（本身）自己是否為壞人？彼答曰：我非惡人。妻曰：如此就好了。其言多為余妻所窘。」（「蔣中正日記」，1943年11月22日）；11月24日，蔣與邱會談反攻緬甸事，記曰：「日

面，談話內容十分廣泛，且談話時間較長。蔣對羅印象很好，初見時說他是一位「陰沉深刻之政治家，自有一種不凡風度」。經多次交談後，認為他確有助中國爭取獨立平等地位的誠意，同時認為此次大戰如非羅的政策與精神，難有今日之優勢，故亦佩服其人格之偉大。[29] 當然相對的，別人對蔣也有不同看法，邱吉爾認為蔣是一個保守、安靜、堅毅的人。馬歇爾和那些隨行的將軍們則以為蔣比較像是傳統中國讀書人。[30] 這次三首腦的會晤，真正見面討論的只有 23 日中午的三巨頭會議，其餘是羅蔣、邱蔣雙方會談。另外是參謀長聯席會議兩次，情報會議及新聞聯席會議數次，均由幕僚人員進行。

1943 年 11 月 30 日，蔣中正在日記中有這樣的記述：開羅會議「以政治之收穫第一，軍事次之，經濟又次之。然皆能獲得相當成效，自信日後更有優美之效果也。」這是他自己的評估。事隔七十年，以今人眼光來看，他的「開羅設想」，[31] 有成就他歷史地位者，也

來已與邱相見，已有四次之多，認定其為英國式之政治家，實不失昂克爾薩克遜民族之典型人物。而其思想與精神氣魄以及人格，則決不能與羅斯福總統同日而語矣。狹隘浮華，自私頑固八字盡之矣。」（「蔣中正日記」，1943 年 11 月 25 日）。

29 「蔣中正日記」，1943 年 11 月 22、26 日。

30 當時馬歇爾對蔣的印象是如此的描述："Chiang Kai-shek appeared to Westerners more like a traditional Chinese scholar than a powerful, ruthless military and political leader, controlling the destinies of millions of his countrymen." Forrest Pogue, *George C. Marshall: Organizer of Victory, 1943-1945* (New York: Viking, 1973), p. 304.

31 這個詞來自趙志輝，〈開羅會議新論〉，《世界歷史》，第 5 期（2004），頁 51。

有理想與現實落差之處。如果從蔣率領的代表團成員來看，軍事重於政治；若由會議成果來看，則政治大於軍事。根據美國國務院公布的美國外交文件，羅蔣會晤的主題不是軍事，而是戰後的政治問題。[32] 這恰恰顯示，蔣對會議的設想，與羅不完全一致，亦即中、美、英，甚至蘇聯，二次戰後已蔚為東亞地區四大勢力，對戰後東亞國際秩序，立場觀點因國家利益實乃南轅北轍。這一時期的國際高峰會，正呈現出這些勢力的抗衡、合作與妥協。其間若干歷史性的決議，更對東亞新局的形成，有了關鍵性的作用。簡單的說，四國領袖的國際政治信念，直接影響東亞新秩序的發展。

羅斯福信仰民主式的國際組織，願以自由貿易的金元力量與託管制度，取代殖民地的帝國主義。故他願積極扶植中國，以「四角警衛」的構想，打破傳統殖民勢力，這一方面，羅對中國的誠意，蔣中正的感受至深。[33] 邱吉爾則以秉持其 19 世紀以來「日不落國」的帝國主義思想，一貫地根據自我利益來擬定外交政策。對戰後東亞的形勢，英國只有兩個實際上的考慮：首先是保護其在亞洲的既得商業利益；其次，是維持戰後其在東方的殖民地位，其最終目的則仍在維護大英帝國的基業。以此便會一味反對東方民族主義，並以具體行動抑制殖民地獨立運動。這與蔣的「亞洲情結」牴觸。

---

32 參見 *Foreign Relations of the United States, 1943: Conference at Cairo and Tehran, 1943* (Washington, D.C.: Government Printing Office, 1961).

33 「蔣中正日記」，1943 年 11 月「本月反省錄」謂：「以羅斯福此言行，及其國民一般之言論與精神，確有協助我中國造成獨立與平等地位之誠意也。」

1942年2月蔣訪印及這次開羅會議與邱為反攻緬甸軍事問題的交手，蔣感受至深：

> 開羅會議之經驗，無論經濟、軍事與政治，英國不肯犧牲絲毫利益，以濟他人。對於美國之主張，亦決不肯有所遷就，作報答美國救英之表示，對於中國之存亡生死，更不值一顧矣。是以羅總統雖保證其海軍在緬甸登岸，必與我陸軍一致行動，余明知其不可能而姑且信任之，並不願以英海軍如不同時登陸，則我陸上部隊亦停止行動之語出諸吾口，以為他日推諉之口實，故絲毫不躊躇而漫應之。然而緬甸反攻時期，此心斷定其非至明年秋季決無實施之望也。英國之自私與害人，誠不愧為帝國主義之楷模矣。[34]

至於蘇聯，與中共問題連結，蔣對蘇一直深有戒心。二戰中飽受德軍摧殘的蘇俄，史達林在東方的目標是要恢復1905年日俄戰前的形勢，尋找東方出海口，建立日俄間的緩衝地帶。這些在《雅爾達密約》中一一獲得美、英大國的承諾，中國則竟以四強之一而深受其害，在重蘇輕華、重歐輕亞政策下，史達林閃避四強碰頭之會，註定中蘇、國共問題日後的難解。蔣中正對東亞秩序的重建，贊成以「東方」的方式來解決，這不是東方帝國，也不作亞洲領導者，而是遵循孫中山「存亡

34 「蔣中正日記」，1943年11月「本月反省錄」。

繼絕，濟弱扶傾」的王道思想處理東亞國際關係，反共反帝，支持東方民族建國，這就難免與英、俄碰撞。[35]

1943 年 11 月 23 日，羅、邱、蔣三巨頭在開羅會議聚首，羅斯福在開幕歡迎詞中說：這次歷史性的會議是四國宣言的具體化，其結果將影響最近的將來，也將垂諸久遠。[36] 羅的期望，邱的應付，蔣的設想，使原來聚會初衷在交換三國之戰略與政略，求得共識，但會散之後，似乎又令人覺得乖離如故。[37] 其中必有諸多值得討論者。先就軍略問題言之，蔣對這次會議寄望最大的是反攻緬甸打通國際交通線案。1942 年 5 月，日軍打敗中英聯軍後，中緬陸路交通線阻絕，故如何恢復是中國的期望，也是駐緬英軍的期望。會議之中東南亞盟軍最高統帥英國蒙巴頓（Lord Louis Mountbatten）

---

35 早在 1942 年訪問印度後，蔣中正悟出東方的民族有東方的特殊環境和傳統的精神力量，他曾表明反對帝國主義是求「中國之自由平等」，而非要「領導亞洲」，同時更強調「中國不期望以東方式之帝國主義或任何方式之閉關主義，代替西方之帝國主義」。反之，中國之理想為促進國際間之積極合作，以達四海一家之大同之治。見蔣中正，〈孫中山先生的革命理想與戰後世界〉，1942 年 11 月 7 日，秦孝儀編，《先總統蔣公思想言論總集》，第 35 卷（臺北：中國國民黨黨史委員會，1984），頁 204-205。

36 〈革命文獻—同盟國聯合作戰：開羅會議〉，《蔣中正總統文物》；〈開羅會議（二）〉，《蔣中正總統文物》；*Foreign Relations of the United States, 1943: Conference at Cairo and Tehran, 1943*, p. 312.

37 依梁敬錞的分析，認為開羅會議前後，英疏蘇，美反帝，觀點已異；美親共，中疑蘇，美媚蘇，中防共，對象未曾改變。「其時美國有戰德、戰日、反帝三種目標，中國亦有抗日、反帝、防蘇、制服中共四條戰線。前兩戰線，雖猶能為美國所了解；後兩戰線則始終未能為美國所體會。因是之故，美國媚蘇容共之舉措，在中國觀之，不特太近天真，且必將招至禍害。而中國防遏中共，疏離蘇俄之作風，自美國視之，亦不但自啟內爭，且亦將破壞公局。中美之間既有此先天之罅隙，會場之上，未能將此罅隙澈底修補，於是會終人散之時，即是此矛彼盾之日。」見梁敬錞，〈中美關係起落之分水嶺〉，《中美關係論文集》（臺北：聯經出版公司，1982），頁 1-2。

提出反攻緬甸日軍的方案，即為此時爭議的 Operation Buccaneer。[38] 這一方案之主要內容，以英軍一部出宛河西岸，再由北緬孟拱（Moguang）前進，與中國駐印軍會師密支那（Myitkyina）。以英軍另一部進出大吉港（Thazi），至布提當（Buthiduang）止。中國軍隊則從利多（Ledo）向密支那進攻；遠征軍由龍陵、畹町向臘戌（Lashio）、卡薩（Katha）進攻。此方案從英國確保印度安全出發，而置中國遠征軍於臘戌、曼德勒（Mandalay）日軍主力覆蓋之下。此案又只限於北緬作戰，未提及海上控制孟加拉灣，由南北緬水陸同時夾擊之計畫，與中國打通滇緬線的想法更不相符。

因此，蔣認為攻緬的勝敗關鍵，在於海陸軍配合作戰，同時發動，空軍則負責破壞敵人之交通線。亦即要中國軍隊入緬作戰，須以英海軍在孟加拉灣取得制海權，水路兩棲同時進行為先決條件。[39] 邱吉爾當時即表示，英海軍須待 1944 年春夏之間（5 月），始能開始陸續集中，同時以海軍力量不能截斷泰緬間的路上補給線為憾，羅斯福則認為最好將曼谷占領。11 月 23 至 26 日，蔣除與羅、邱討論攻緬問題，同時與蒙巴頓、馬歇爾、史迪威頻頻交換意見，中美英開了兩次聯合參謀會議。蔣最後堅持的底線是：

---

38 參見 Ronald Heiferman, *The Cairo Conference of 1943: Roosevelt, Churchill, Chiang Kai-shek, and Madame Chiang* (Jefferson, N.C.: McFarland & Co., 2011), pp. 105-116.

39 梁敬錞，《開羅會議》（臺北：臺灣商務印書館，1974），頁 123。

（一）攻緬作戰為海上行動，須與陸上同時，英方在海上的準備內容與時間必須確定；

（二）中國原訂的運輸量，每月一萬噸，必須維持；

（三）攻緬作戰第一期，至少以曼得勒為目標，第二期應以仰光為目標，占領仰光，打通中印之通路。[40]

羅斯福大體贊同蔣的看法。

英方原則上雖贊成盟軍攻緬甸，打通中國西南國際交通線，但態度並不積極。究其原因：首先，邱吉爾認為對日作戰的勝利，主要取決於海上摧毀日本的交通線，用封鎖扼殺日本，而不應在遠離日本的緬甸叢林中惡戰，陷盟軍於泥沼。其次，根據先歐後亞的戰略部署，邱認為緬甸的兩棲作戰勢必占用大量登陸艦艇，從而削弱擬議中的登陸法國與義大利戰役。其三，英國在東南亞首重的目標是重建新加坡與香港的權力，南亞方面則以確保印度殖民地為準。緬甸僅是大英帝國的一個前哨，而非具戰略重要性的地區。然而，在蔣看來，中國戰場的生死關頭，一為緬甸，二為華北，三為東四省。[41] 緬甸戰役能否取勝，直接關係中國軍隊外援路線是否暢通，這是中國擊敗日本的策略。中英雙方的利益各異，戰略觀點分歧。邱吉爾不肯積極合作的態度，蔣頗為氣憤，故斥「英國之自私與貽害，誠不愧為帝國主

---

40 〈革命文獻—同盟國聯合作戰：開羅會議〉，《蔣中正總統文物》。

41 〈革命文獻—同盟國聯合作戰：開羅會議〉，《蔣中正總統文物》。在開羅會議召開之前，蔣於 10 月 19 至 20 日，與東南亞戰區統帥蒙巴頓將軍有重慶黃山之會，爭取泰越列入東南亞戰區，蔣拒絕中國戰區原規劃的任何改變，同時對反攻緬甸事，只取得部分共識。會議結果並不圓滿，蔣因此未循例道別蒙巴頓將軍。「蔣中正日記」，1943 年 10 月 19-21 日。

義之楷模矣」。反攻緬甸問題涉及中國戰區與東南亞戰區的戰略戰術問題，當時是未解決的懸案，稍後即成為中國與盟軍東亞戰略進一步分歧的起點。

開羅會議中，蔣夫人宋美齡以第一夫人，取代宋子文外長的角色，其出色表現，與會者均印象深刻，蔣中正本人更給予高度肯定。[42] 此次會議，蔣的一個迫切需求是對英美借款問題。英方表示，整個借款問題得留待財政部洽商。至於對美，蔣提出「救濟中國經濟之辦法」，希望繼續向美貸款十億美元，以平抑物價，穩定幣值。[43] 為此，蔣與夫人有一番設計，11 月 25 日晚，蔣與夫人商議後，「乃決由妻先於明晨單獨見羅試談其事，以觀彼之態度，然後再定進退與多寡之計畫，在此種重大事件之進行成敗榮辱關頭，惟有夫妻二人共商精討，庶不誤事，亦惟此方足以慰藉征途憂患之忱也。」26 日下午，蔣羅會談，要旨之一是「借款與經濟危急之情狀，對其允予接濟與設法借款之好意表示感謝，以上午妻與其會商時彼已允許大綱也。」[44] 顯然蔣夫人與

42 邱吉爾、英外相艾登（Anthony Eden）及其他幕僚們都被蔣夫人的魅力所吸引。見 Ronald Heiferman, *The Cairo Conference of 1943: Roosevelt, Churchill, Chiang Kai-shek, and Madame Chiang*, Chapter 7。蔣中正日記中多次提到夫人的賣力，例如：11 月 19 日，本日夫人目疾略減，而皮膚病濕氣為患更劇，以氣候轉熱關係也。惟有默禱上帝保佑速痊也。11 月 22 日，夫人在茶會時之應酬與工作之辛苦，若非見此，不能想像其為國貢獻之大也。11 月 30 日，此次各種交涉之進行，言論態度與手續皆能有條不紊，故其結果乃能出於預期之上，此其間當有二因，其一為平時之人格所感應之效，其二為余妻洽助之力，而其為余任譯與佈置之功更大，否則當不能得此大成也。

43 「救濟中國經濟之辦法」內容見秦孝儀主編，《中華民國重要史料初編—對日抗戰時期》，第三編戰時外交，頁 533-534。

44 「蔣中正日記」，1943 年 11 月 25-26 日。

羅斯福的早先會晤，已見成效。蔣在日記中說：「妻自今日十一時往訪羅商談經濟以後，並至霍（霍布金斯，Harry Hopkins）去，在此十小時間，幾乎無一息之暇隙，而且其時皆用全精全神未能有一語之鬆馳，故至十時已疲乏不堪，從來未見其有如此情狀也。彼目疾而兼皮膚病痛癢誠非常人所能勝也。」[45] 儘管美國十億美元貸款仍有諸多困難，甚至最後落空，羅禮貌上的回應，蔣已覺其對中國的誠意。

在日記中，蔣認為開羅之行，政治的成就最大。確實，這次三巨頭會議對戰後東亞秩序的重構，起了作用。如果深入考察，蔣在「亞洲情結」下，對會議的參與以及對戰後的擘劃，自有其理性思考。首先是做為亞洲「大國」，雖對東亞問題積極爭取發言權，但態度戒慎恐懼。羅斯福在開羅對中國國際地位，繼「四國宣言」後再予肯定。蔣羅二人的共識是，中國應取得四強的地位，且平等參與國際組織與共創國際安全制度。這是稍後聯合國創建與中國國際地位確立的基礎。但在邱吉爾看來，可不盡然。「英國總不願中國成為強國」，[46] 羅斯福在會中對蔣的這番話，可能強化了蔣「擁羅靠美」的心態。而蔣了解這一情勢，對開羅會議的準備與主張，的確採取「低姿態」的作法。[47] 他

45 「蔣中正日記」，1943 年 11 月 24 日。

46 「蔣中正日記」，1943 年 11 月 26 日，蔣羅會談「彼（羅斯福）對余慨嘆曰：現在所最令人痛苦者就是邱的問題，又稱英國總不願中國成為強國，言下頗有憂色。余覺其情態比上次談話時，更增親切也。」

47 這一方面的分析，參見王建朗，〈信任的流失：從蔣介石日記看抗戰後期的中美關係〉，《近代史研究》，2009 年第 3 期，頁 55。

在 11 月 13 日日記說：「此次與羅邱會談，本無所求、無所予之精神與之開誠交換軍事政治經濟之各種意見，勿存一毫得失之見，則幾矣。」17 日的日記，蔣再次確認不主動提出中國利益提案的方針：「余此去與羅邱會談應以淡泊自得無求於人為惟一方針，總使不辱其身也，對日處置提案與賠償損失等事，當待英美先提，切勿由我主動自提，此不僅使英美無所顧忌，而且使之畏敬，以我乃毫無私心於世界大戰也。」蔣這種消極的態度，留下的後遺症是，部分該當機立斷的問題留作懸案，於是東亞「去殖民地化」的延緩與波折，復成為後人的難題。

開羅會議期間，中英交涉涉及中國領土者有二：一為香港問題，一為西藏問題。關於收回香港問題，這一年 1 月中英新約簽字，英拒交還港九、新界，中國只能以外交照會保留主權。11月，蔣赴開羅之前（14日），在日記中提及蔣夫人訪美期間與羅斯福的會談，曾談到「港九問題歸還中國為自由港」，[48] 但次日日記即謂「對邱吉爾談話除與中美英有共同關係之問題外，皆以不談為宜。如美國從中談及港九問題、西藏問題、南洋華僑待遇問題等則照既定原則應之，但不與之爭執，如其不能同意，暫作懸案。」[49] 21 日日記「上週反省錄」對英談話要旨，已明白註記「港九問題暫時擱置」，因此開羅會議公報自無任何香港訊息。這是蔣在開羅會議

48 「蔣中正日記」，1943 年 11 月 14 日。

49 「蔣中正日記」，1943 年 11 月 15 日。

放低姿態的一面。關於西藏問題，1943 年 5 月，宋子文外長訪英時，曾提出西藏主權交涉。[50] 蔣也瞭解西藏問題是英國在背後操弄，7 月間羅斯福勸蔣暫且將問題擱置，蔣在日記中申斥英美有違《大西洋憲章》干涉他國內政之嫌，但也只能隱忍。[51] 開羅會議期間，1943 年 11 月 26 日，王寵惠與英外相艾登、外次賈德幹（Sir Alexander Cadogen）三人會談，王先傳達蔣意旨，認西藏本係中國領土之一部分，其與中國之關係純屬中國內政，英國應改變過去對藏政策。艾登認為此係現實問題，中英意見相去頗遠，如中國允西藏完全自治，則英方之立場自以此為出發點。王答稱英方侵犯中國主權，英則主另覓方案並重新考慮所持立場。雙方各持己見，不歡而散。[52]

開羅會議前，國民政府已擬定方案，以解決戰後問題。其主要內容包括：（一）對日本處分方案，（二）中國周邊國家之未來。第（一）項內容又包括領土問

50 1943 年 5 月 21 日，宋子文與邱吉爾在西藏主權問題上發生爭執，5 月 22 日蔣電宋：「西藏為中國領土，藏事為中國內政，今邱相如此出言，無異干涉中國內政，是即首先破壞《大西洋憲章》。中國對此不能視為普通常事，必堅決反對，並難忽視。」5 月 25 日蔣電宋，告以關於西藏問題「如羅總統有勿因此發生意外之語，則我更應申明立場主權為要，否則其他軍事要求與我之主張，更被輕視，以後一切交涉，皆必從此失敗矣。」當月宋子文還分別與羅斯福和英國外相艾登談西藏問題。美國當時對於西藏問題的態度：承認西藏是中國領土主權的一部分，美國不介入西藏問題，不同西藏地方當局建立官方聯繫，尤其是當前需要中國繼續對日戰爭。以上資料參考：吳景平，「風雲際會：宋子文與抗戰時期的外交」，2013 年 11 月 15 日在國史館演講大綱。

51 「蔣中正日記」，1943 年 7 月 17、18 日。

52 〈開羅會議（一）〉，《蔣中正總統文物》，國史館藏：002-080106-00021-008。

題、未來國體問題、賠償問題及日本占領問題；第（二）項包括支持朝鮮獨立、保證泰國獨立及越南之建國獨立。關於領土問題，主要是收回東北、臺灣和琉球問題。恢復「九一八事變」以前的狀態原是「抗戰到底」的根本要求，因此收復東北乃戰後順理成章之事。從「蔣中正日記」觀察，蔣最早在 1932 年 9 月 13 日、1933 年 2 月 18 日、1934 年 3 月 23 日，均有決意收復臺灣的記載。[53] 至 1943 年 3 月，蔣著《中國之命運》出版，內中提到臺灣、澎湖，與 1943 年 9 月 25 日，蔣在國民參政會報告內政外交，正式宣稱領土之完整是包括甲午中日戰爭以來喪失於日本的土地，如臺灣、澎湖以及東北四省，必須收回，是一致的。[54] 收回東北、臺澎其後在開羅公報中，已見諸文字。也就是說中華民國將於戰後收復臺灣和東北失土，蔣的立場是堅定的，也得到國際的保證。不過，對於琉球，蔣的政策有些搖擺。

近年因為釣魚臺領土爭議，學界也特別留意開羅會議前後有關琉球主權問題的討論。[55] 蔣中正較早有收回

53 「預期中華民國三十一年中秋節，恢復東三省，解放朝鮮，收回臺灣、琉球」，見「蔣中正日記」，1932 年 9 月 13 日；「倭寇之傳統政策，在併吞滿蒙，為東亞之霸主。吾黨傳統政策乃在恢復朝鮮、臺灣等失地，以行王道於世界也。」見「蔣中正日記」，1933 年 2 月 18 日；「蔣中正日記」1934 年 3 月 23 日雪恥欄：「收復臺灣、朝鮮，恢復漢唐固有領土，方不愧為黃帝之裔也。」

54 蔣中正出席第三屆國民參政會第二次大會報告，見秦孝儀總編纂，《總統蔣公大事長編初稿》，第 5 卷上冊（臺北：中央文物供應社，1978），頁 220。

55 戰後琉球問題，學界近年的討論頗多，臺灣學者許育銘、林泉忠、任天豪；大陸學界如石源華、王海濱、王建朗、汪暉、侯中華、褚靜濤等，均有專文發表。

琉球表示的是在 1932 年 9 月 13 日的日記，其後國府負責外交事務的宋子文，1942 年 11 月提出中國應收回東北四省、臺灣及琉球。接著蔣再聲明臺灣、琉球應交還中國。次年 3 月，蔣夫人訪美期間，與羅斯福談話，曾表達中國收回琉球意願，這可能與開羅會議上羅一再詢問蔣對琉球歸屬的由來。1943 年 3 月，蔣出版《中國之命運》，再提起琉球、臺灣、澎湖是中國國防要塞，且為領土不可分割的一部分。[56] 不過，這一看法到開羅會議前夕有了鬆動。1943 年 11 月，蔣中正準備開羅會議與羅斯福、邱吉爾會談資料時，關於遠東政治問題提案，蔣提出了以下三點：

（一）東北四省與臺灣、澎湖應歸還中國；

（二）保證朝鮮戰後獨立；

（三）保證泰國獨立及中南半島各國與華僑之地位。[57]

至此，蔣不再提收復琉球事。關於其理由，蔣的解釋是「琉球與臺灣在我國歷史地位不同，以琉球為一王國，其地位與朝鮮相等，故此次提案對於琉球問題決定不提。」[58]

雖然如此，開羅會議時，羅斯福卻主動提出並再三詢問琉球問題之中國態度，蔣答稱願意與美國共同占領

56 參見 1942 年 11 月 3 日《大公報》，宋子文談話；「蔣中正日記」，1942 年 11 月 9 日、1943 年 10 月 24 日補記。蔣中正，《中國之命運》（臺北：正中書局，1953），頁 6-7；王建朗，〈大國意識與大國作為—抗戰後期的中國國際角色定位與外交努力〉，《歷史研究》，2008 年第 6 期，頁 124-137。

57 秦孝儀總編纂，《總統蔣公大事長編初稿》，第 5 卷上冊，頁 431；「研究與英美會談要旨及目的」，「蔣中正日記」，1943 年 11 月 21 日。

58 「蔣中正日記」，1943 年 11 月 15 日。

琉球，並依據託管制度與美國共同管理。[59]這就是「東北四省與臺灣、澎湖群島應皆歸還中國，惟琉球可由國際機構委託中、美共管」之語的由來。蔣所以作出這樣的決定，「一以安美國之心，二以琉球在甲午以前已屬日本，三以此區由美國共管，比歸我專有為妥也。」[60]顯然，蔣不想在領土方面引起美國的懷疑，以免影響中美關係。這與蔣的「亞洲情結」不得罪美國、不以亞洲領袖自居有關。

關於戰後日本問題，在開羅會議中，蔣與羅斯福會商，中美雙方一致同意下面各點：

（一）日本攫取中國之土地應歸還中國；

（二）太平洋上日本所強占之島嶼應永久予以剝奪；

（三）日本潰敗後，應使朝鮮獲得自由與獨立；

（四）戰後日本在華公私產業應完全由中國政府接收。[61]

12月1日，中、美、英三國首腦發表聯合公報（《開羅宣言》），明確指出：「日本所竊取於中國之領土，例如東北四省、臺灣、澎湖群島等，歸還中華民國。」[62]

1943年11月23日晚，蔣、羅的會談長達四個半小時，會談中還提及日本未來之國體問題，及戰後對日

59 美國外交文書的記載，見 *Foreign Relations of the United States, 1943: Conference at Cairo and Tehran, 1943*, p. 324；中央研究院近代史研究所藏「外交部檔案」的蔣羅會談紀錄及分析，見林泉忠，〈論開羅會議中的琉球議題與蔣委員長之應對〉，未刊稿，感謝作者之提供。

60 「蔣中正日記」，1943年11月23日。

61 秦孝儀主編，《中華民國重要史料初編—對日抗戰時期》，第三編戰時外交，頁527。

62 秦孝儀主編，《中華民國重要史料初編—對日抗戰時期》，第三編戰時外交，頁546。

處置問題。關於國體問題，會議記錄有如此記載：「在談話中，羅斯福總統曾以日本天皇制度應否廢除問題，徵求蔣委員長意見。委員長當即表示，此次日本戰爭之禍首，為其若干軍閥。我以為除了日本軍閥必須根本剷除，不能再讓其起來預問日本政治以外，至於他國體如何，最好待戰後由日本人民自己來決定。同盟國在此次大戰中，總不要造成民族間永久之錯誤。羅斯福總統並詢以此一問題明日會議應否提出討論，委員長答謂，最好不作正式討論。羅斯福總統深以為然，遂命霍布金斯根據此次商決各項，起草公報。」[63]

其次，關於日本賠償問題，蔣建議日本以工業機器、軍艦、商船、鐵路、車頭等實物抵償，羅斯福表示同意。關於日本投降後對其三島駐軍監視問題，羅斯福希望中國居於領導之地位，但是蔣以中國尚乏擔當此任務之力量，主張「應由美國主持，如果需要中國派兵協助亦可」。蔣認為羅斯福讓中國負責對日本軍事占領，「有深意存也」，所以「亦未便明白表示可否」。[64] 蔣在這裡所說的「深意」具體指什麼，蔣在日記裡沒有明確記述。有學者認為，蔣懷疑羅斯福是在試探蔣對日本是否有領土野心，因此，拒絕當占領日本的急先鋒。[65]

---

63 *Foreign Relations of the United States, 1943: Conference at Cairo and Tehran, 1943*, p. 323。後來蔣在《蘇俄在中國》一書中對開羅會議也論及：「在開羅會議中，我力主日本天皇制能遵照其天皇的命令，繳械投降。同時日本國內秩序，亦以其天皇為之維繫，得免於混亂與破壞。」見秦孝儀主編，《先總統蔣公思想言論總集》，第9卷（臺北：中國國民黨黨史委員會，1984），頁15。

64 「蔣中正日記」，1943年11月23日。

65 段瑞聰，〈太平洋戰爭前期蔣介石的戰後構想〉，頁147。

這似乎又與蔣在美國之前不逞強的「亞洲情結」有關。

在 1943 年 11 月 23 日，蔣、羅之會中，「蔣中正日記」有一段記載提及共產主義與帝國主義問題，「余（蔣）甚贊羅對俄國共產主義之政策，已得到初步效果為賀，惟希望其對英帝國主義之政策亦能運用成功，以解放世界被壓迫之人類，方能報酬其美國此次對世界戰爭之貢獻也。」[66] 也許蔣羅對舊式殖民主義之鄙棄與沒落，心有戚戚焉。至於對俄政策問題，蔣羅之意見，似不盡一致，此點在蔣日記或開羅會議紀錄中，均沒有進一步說明。[67]

四、開羅會議公報如期發表，「此乃為國家百年來外交上最大之成功」[68]

1943 年 11 月 26 日，中美英三巨頭開羅會議正式結束，事實上，會議公報（聯合宣言）的草擬在 11 月 24 日就正式開始。英文草案由美國租借法案執行主管官霍布金斯主稿，分送中美英三國代表修正。24 日，中文稿譯呈蔣，幕僚人員發現「小笠原」（Bonin Islands）為「澎湖群島」（Pescadores）之誤，隨即要求美方改正，蔣隨後同意文稿內容。[69] 25 日，中美英

66 「蔣中正日記」，1943 年 11 月 23 日。

67 開羅會議中，中美元首之會談，意見多半一致，獨對中共之抗日態度以及國軍堵共議題，中方未能得到羅斯福的同情。見 Elliott Roosevelt, *As He Saw It* (New York: Dwell, Sloan and Pearce, 1946), p. 163.

68 「蔣中正日記」，1943 年 12 月「本月反省錄」。

69 〈開羅會議（一）〉，《蔣中正總統文物》。楊宣誠曾提醒應列入「澎湖

三方人員，包括中方王寵惠祕書長、美駐蘇大使哈利曼（Averell W. Harriman）、英外相艾登、英外次賈德幹，召開會議公報草案修正會議，除細節文字簡化外，特別值得注意的是王寵惠秘書長字字斟酌，對中國主權的維護、朝鮮獨立的主張，在會場上折衝樽俎，有絕大貢獻。蔣在日記上說：

> 此次開羅三國公報成立之經過應有補述之必要，當成立以前三國代表提出討論時，以英國賈德幹辯難最多，尤以對於朝鮮獨立問題，堅主不提。而其對東北問題亦只言日本應放棄滿洲為度，而不明言歸還中國，後經我代表亮疇力爭，美國代表亦竭力贊助，乃將原案通過。惟關於夫人參加會議一段終被削去，羅總統乃有不滿之色，然此無關大旨，我方表示贊同，乃即將全部文字通過，於是開羅會議從此乃告結束矣。[70]

草案重要討論及修正要點如次：

一、原草案第三段，本為「例如滿洲，臺灣與澎湖群島當然應歸還中國。」修改案則擬將「當然應歸還中國」改為「當然必須由日本放棄」。原提案人英外次賈德幹謂此必須修改之擬議，蓋因英國會或將質詢英政府，為何關於其他被占領地區，並未說明歸還何國，獨

列島」較妥，參見楊秋華，〈開羅會議上的楊宣誠將軍〉，《縱橫》，期31（2008），頁64。

70 「蔣中正日記」，1943年12月9日。

於滿洲、臺灣等，則聲明歸還中國。上述各地固屬中國，但不必明言。英外相艾登在場未發一言。中國代表王寵惠指出：「如此修改，不但中國不贊成，世界其他各國亦將發生懷疑。『必須由日本放棄』固矣，然日本放棄之後，歸屬何國如不明言，轉滋疑惑，世界人士均知此次大戰，由於日本侵略我東北而起，而吾人作戰之目的，亦即在貫澈反侵略主義，苟其如此含糊，則中國人民乃至世界人民，皆將疑惑不解，故中國方面對此段修改之文字礙難接受。」賈德幹又說本句之上文，已曾說明「日本由中國攫去之土地」，則日本放棄後當然歸屬中國，不必明說。王寵惠辯駁說：「措詞果如此含糊，則會議公報將毫無意義，且將完全喪失其價值，在閣下之意，固不言而喻應歸中國，但外國人士，對於東北及臺灣等地，嘗有各種離奇之言論，其主張想閣下亦曾有所聞悉。故如不明言歸還中國，則吾聯合國共同作戰，反對侵略之目標，太不明顯，故主張維持原草案字句。」王寵惠的意見獲得哈立曼大使贊成，他繼續指出：吾人如措詞含糊則世界各國，對吾聯合國一向揭櫫之原則，將不置信。哈氏主張維持原文，並建議將該段末句「日本以武力或侵略野心所征服之土地，一概需使其脫離其掌握」，提置在第三段之後，另立為一段，其餘則一切照原案不動。賈德幹雖沒被完全說服，但討論結果，中美兩方主張不改，故維持原草案。

二、有關戰後朝鮮問題，原草案第五段關於「使朝鮮成為一自由與獨立之國家」一句修改案擬改為「使朝鮮脫離日本之統治」。王寵惠表示不能贊成，他說朝鮮原由日本侵略吞併，而日本之大陸政策，即由吞併朝鮮開始。僅說「脫離日本之統治」而不言其他，則只為將來留一重大問題，殊非得計。主張宜於此時決定其將來自由獨立之地位，並謂公報中關於此點，在中國及遠東方面視之，甚為重要。賈德幹外次說關於朝鮮問題，未經英國閣議，而在此間決定，殊為不宜，且蘇聯對此問題之態度與反感，事前未與接洽，無從知悉，似宜顧及。因此主張如不能照修正案更改，不如全段刪去。哈立曼大使說，照羅斯福總統意見，此一問題似與蘇聯無甚關係，不必與蘇聯商量。討論結果維持原草案文字。

三、在原草案第五段之下，修改案增加聲明：三國無領土野心一段。各方無甚討論，均贊成增加。[71]

以上討論意見經邱吉爾過目後，另行送來新稿，全文較短，關於軍事部分太長，略予縮短以避免給予敵人以軍事消息。新稿對於中美雙方所持之意見，均已容納，故經三方贊成。惟其中「包括滿洲與臺灣」一句，王寵惠提議改為「例如滿洲、臺灣與澎湖群島」，各方均無異議，由此成稿。

當公報草成，正值三國領袖及蔣夫人會談中，會議公報草案最後成稿送到會議中朗讀一次，三國領袖贊成，遂作定稿。當時為了徵求史達林的意見，須待羅邱史三首腦德黑蘭會議完畢後，再如期發表。羅斯福、邱吉爾於 11 月 27 日赴德黑蘭會晤史達林，史達林並無異

71 〈革命文獻—同盟國聯合作戰：開羅會議〉，《蔣中正總統文物》。

議後，旋於 12 月 1 日正式公布。[72] 這份聯合宣言，當時雖未簽字，但中美英三國元首，均在其職權範圍內做出具體承諾，即具有約束力。當時參與會議的英外相艾登，當年 12 月 14 日在下院討論開羅會議時謂，倫敦方面覺得自己受到宣言的約束。[73] 而美國也將開羅會議公報收入國際條約集中。開羅會議公報於 1943 年 12 月發布，繼續落實在 1945 年 7 月的《波茨坦公告》。《波茨坦公告》宣稱開羅會議所定條款必須付諸實施，日本無條件投降、歸還領土，均屬具體實踐。1945 年 9 月的日本戰敗降書，乃至於 1952 年的《中華民國與日本國間和平和約》，實際上均落實了開羅會議的內容。

五、「今後若不能自我努力奮勉，則一紙空文仍未足憑藉爾！」[74]

如果從中國以「大國」姿態躍上國際外交舞臺，參與戰後國際聯合機構之發起、組織、對戰後日本問題的處置，乃至中國收回主權與領土，並扶植朝鮮獨立，支持越南、泰國獨立而言，蔣中正參加開羅會議，當然有可觀的成就，甚至自覺「其結果乃能出於預期之上」。[75] 他在日記中，對開羅之行作了如許的評估：

---

72 開羅會議公報定稿後，三國共同約定 12 月 1 日發表。國民政府於 12 月 2 日下午 6 時 45 分公布，較英美落後 12 小時。

73 "War Situation And Foreign Affairs," Commons Hansard for 14 December 1943 (Volume 395).

74 「蔣中正日記」，1943 年 11 月「本月反省錄」。

75 「蔣中正日記」，1943 年 11 月「本月反省錄」。

> 東三省與臺灣澎湖島為已經失去五十年或十二年以上之領土，而能獲得美英共同聲明，歸還我國，而且承認朝鮮於戰後獨立自由，此何等大事，此何等提案，何等希望，而今竟能發表於三國共同聲明之中，實為中外古今所未曾有之外交成功也。然今後若不自我努力奮勉，則一紙空文，仍未足為憑耳。至將如何自強，如何自勉，以將來和平會議中關於我國最艱難之問題，最重大之基礎，皆於此開羅會議之數日中，一舉而解決矣。[76]

不過，在國際政治現實的背景下，二次世界大戰的勝負雖已接近明朗，但蔣對英美先歐後亞的政策則未能絲毫撼動。[77] 以致會議期間，邱吉爾捍衛老大帝國利益的姿態依然如故；而羅斯福縱有平等助華之心，然在現實考量下，南北緬水陸夾攻案之背諾、國軍九十個師裝備案及十億美元貸款案的變卦，在在顯示開羅精神喪失殆盡。英美在重蘇輕華的政策下，加以中蘇疑雲未解，德黑蘭會議之後的情勢，已非中國所能挽回。國際政治之理想與現實，蔣中正實早有這樣的想法：

> 政治全在實際為基礎，而不可專憑理想，然亦不能全無理想。無理想即無政治目標，則政治不能進

76 「蔣中正日記」，1943 年 11 月「本月反省錄」。

77 「蔣中正日記」，1943 年 9 月「本月反省錄」謂：「外交之侮辱漸烈，英國對華之遺棄，俄國對華之妒嫉惟恐不至固矣，而美國對我之藐視與強制亦益顯著，如我不能自強，則來日之壓迫必更難堪。」開羅會議後，情勢未曾改觀。

步。吾以為事實與理想之於現實，政治理想之因數最多只可占三分，而實際之因數只少應占七分，此乃為合理之政治。吾觀於英國之政治全重現實而有感也。所謂現實者即時與力也，凡無實力或有力而不能與對方相較之時，則其決不多言，亦不崛強，惟有暫時忍痛放棄退出。即使一時屈服，亦所不屑。但其國家根本問題即其生命與主義則決不因之動搖，以待其實力恢復時機到來，而後再作實際行動。故彼於今日對香港與星嘉坡皆表示不肯絲毫放棄，此與羅斯福美國要求太平洋沿岸軍事基地共同使用之政策，已明白反對矣。英國政治手段之毒辣與自私，令人痛憤，然亦不能不仰佩其老練與實際之行動也，應自勉之。[78]

蔣在開羅會議時，常常採取低姿態的作法，大體可由此體會。

在實際參與國際事務方面，蔣本不善於與西方人打交道，[79] 他這次帶同隨員出席如此大型的國際會議，除了看到幕僚人員應付會場實務捉襟見肘外，也在回程視察駐外訓練基地人員時，深深感覺中國距離「近代國家」仍遠，至少仍需要二十年的培訓和努力，才能與西方人平起平坐，不為人輕。[80]

78 「蔣中正日記」，1943 年 8 月 30 日。

79 蔣中正在日記中，多次提到他個人英文不好，「粗直短拙」，對與外人打交道不感興趣。見「蔣中正日記」，1943 年 6 月 13 日、8 月 19 日。

80 「蔣中正日記」，1943 年 11 月 30 日，記蔣返國途中於印度藍伽閱兵，這篇導論的主要材料是蔣中正日記，不免片面和主觀，但蔣個人的感受是真實的。

二次世界大戰初期，軸心國攻城掠地。德國在歐洲、日本在亞洲，均大有斬獲，日本占領了中國華北、華中，又發動太平洋戰爭，直攻到新幾內亞、所羅門群島，幾乎統有整個東南亞。不過，到 1942 年底有了轉變，這一年 6 月，日本中途島海戰失利，失去制海權；11 月在瓜達康納爾戰役失敗，表示進攻力量已到極限。1943 年秋，日本軍力明顯趨於弱勢，年底盟國勝利在望，中美英蘇四國領袖乃分別在開羅、德黑蘭召開會議，討論了最後勝利的戰略措施以及戰後問題。

從蔣中正日記，1943 年 6 月起，蔣即著手準備並思考與會事宜。11 月，率領近二十人的代表團赴會，代表中國參加了在戰時十四次同盟國領袖高峰會唯一的一次會議，也是中國列為四強聲望達到高峰之時。席間蔣中正與邱吉爾、羅斯福對東亞問題廣泛交換意見，其中包括三國聯合反攻緬甸問題、中國領土收回問題、中國周邊國家特別是殖民地何去何從問題、同盟國在戰後處置日本問題、戰後中美軍事結盟及經濟合作問題。會後一星期（12 月 1 日）正式發表聯合宣言，會議才算正式落幕。

覺中國軍隊官長精神、體態、學術均不如人，「平心論之，實無法與人爭衡。古人謂無競惟人，在此二十年以內，若不積極培養體力，訓練人才，則國家更無平等可期矣。言念及此，不禁憤愧無地，如何培植後進人才，為國吐氣揚眉，以求得民族真正之解放也。」又參見齊錫生，《劍拔弩張的盟友：太平洋戰爭期間的中美軍事合作關係（1941-1945）》，頁 358-362。

蔣中正在日記中，認為開羅會議的召開，是中國外交一大勝利，會議在政治、軍事、經濟固然獲得相當成就，但因中國是大而弱的國家，雖信誓旦旦「決不為自身圖利」，但歐美大國的「重歐輕亞」政策既輕過了頭，又在現實上對中國有偏見，開羅會議的許多決定，英美蘇大國不見得會完全看在眼裡。會議結果當然是有正面意義和影響，但也有與期望相當落差的地方。理想與現實在政治往往拿捏不易。在會議前 1943 年 2 月 28 日，蔣在日記中有這麼一段話：

> 聯合國中之四國，我為最弱，甚以弱者遇拐子、流氓與土霸為可危，也識知：人非自強，任何人亦不能為助。而國家之不求自強，則無論為敵為友，皆以汝為俎上之肉，可不戒懼？[81]

文中拐子、流氓、土霸，大約分別暗諷羅斯福、邱吉爾和史達林。蔣在日記中類此的諸多感受，顯示弱國領導人內心的苦楚，也說明弱國與大國的外交博奕，是有幾分風險的。開羅會議的前前後後，正道盡了這一事實。

本文修改自：呂芳上，〈蔣介石、開羅會議與東亞新秩序的形成〉，收入吳思華、呂芳上、林永樂主編，《開羅宣言的意義與影響》（臺北：政大出版社，2014），頁 143-171。

---

81 「蔣中正日記」，1943 年 2 月 28 日。

國民政府主席蔣中正開羅會議相關紀錄

11 月 11 日

得邱吉爾邀赴開羅會談電，復電允之。又研究曰：「大西洋憲章與四大自由之履行及解釋，應提出於開羅會談之中，與以確定。」《困勉記》

11 月 13 日

與哈利談已，曰：「此次羅斯福特派其前陸軍部長哈利為其私人代表，飛渝來訪，其來意：一則解釋其對英俄邱史之用意所在，不使余誤會其苦心與誠意；二則關於東亞諸事，暗示須由余與邱吉爾照既定方針力爭，而彼乃以第三者地位，從中調解也。故余於此次會談，應自持主張如下：甲、大西洋憲章應用於世界各民族；乙、聯合國之戰時政治機構，應限期成立；丙、中國應參加華盛頓參謀團；丁、反攻緬甸之開始，必須海陸並舉，並以海軍準備完成之時，為開始反攻之期。」《困勉記》

曰：「此次與羅、邱會談，應本無所求、無所予之精神，與之開誠交換軍事、政治、經濟之各種意見，勿存一毫得失之見！」《省克記》

11月14日

研究對日本無條件投降後之處理方案，曰：「此次與羅氏應商定者：甲、日本應將軍艦若干噸、商船若干噸，交與中國；乙、日本自九一八以來所侵佔中國地區所有之公私產業，應完全由中國政府接收；丙、戰爭停止後，日本殘存之軍械、軍艦、商船與飛機，應以大部分移交中國。」又曰：「香港、九龍亦應歸還中國為自由港。」《困勉記》

記曰：「本週準備與羅、邱會談之材料頗忙，而對於常課與看書，尚未間斷。」《學記》

11月15日

研究琉球問題，曰：「琉球與臺灣在我國歷史地位不同，琉球為一王國，而其地位與朝鮮相等，故此次對琉球問題，決定不提。」又研究暹羅，曰：「暹羅獨立問題，則應由我提出也。」晚，與戴傳賢商羅、邱會議綱要已，曰：「對邱吉爾談話，除與中、英、美有共同關係之問題外，皆以不談為宜，如美國從中談及港九問題、西藏問題、南洋華僑待遇問題等，則照既定原則應之，但不與之爭執，如其不能同意，暫作懸案，以免大敵當前，有礙合作也。」《困勉記》

11月16日

研究中美經濟合作方案。《困勉記》

11月17日

曰：「余此次與羅、邱會談，應以澹泊自得、無求於人為惟一方針，至於對日處理與賠償損失等，亦應待英、美先提，切勿由我主動自提，以見我毫無私心，使彼畏敬為要。」《困勉記》

曰：「余此去與羅、邱會談，應以澹泊自得、無求於人，為惟一方針，總使不辱國體，不辱人格為要。對日處置之提案，與賠償損失等事，當待英、美先提，切勿由我主動自提，此不僅英、美無所顧忌，而且使之畏敬，以我乃毫無私心也。」《省克記》

11月18日

午，以飛機發重慶，傍晚到印度阿薩姆州。下機，飯畢，又起飛，夜半，到阿柯拉，宿。曰：「此次會談，應注重最大問題：甲、國際政治組織；乙、遠東委員會組織；丙、中、英、美聯合參謀團組織；丁、佔領地管理方案；戊、反攻緬甸總計畫；己、朝鮮獨立問題；庚、東北與臺灣必歸還中國。」《困勉記》

上午十二時，以飛機發重慶。下午五時，到印度阿薩姆州之茶埠，下機，入美軍營膳廳茶點畢，又登機飛行。晚十二時，到阿柯拉下機，宿於薛薛爾大旅館。《游記》

自重慶飛印度阿柯拉，在機上繼續重看白皮書和平與戰爭至歐洲戰爭章。《學記》

到印度阿柯拉，曰：「夫人皮膚病復發，其狀甚苦，至深夜二時方熟睡，殊堪憫也。」《愛記》

11月19日

晨八時起床，天尚未大明，曰：「此地時間較重慶，約遲三十分鐘也。」十一時游太其瑪哈，曰：「此為王陵，乃世界有名建築之一也。」繼游舊王宮，曰：「此俗稱堡壘，離王陵約五里之遙，正在望也。」又曰：「此王宮與王陵，皆印度之古蹟，以今視之，直一野蠻時代之遺物，毫無文化之意義，視我國各處古寺之建築、雕刻，如雲岡、十三陵者，誠遠不如也，而英人乃特予保存之何哉？」下午二時，返旅館。六時半，以飛機發阿柯拉。晚十時，到克拉蚩，宿美空軍司令官邸，曰：「其地濱海，潮音訇訇，清風拂拂，棲息頗適人也。」又曰：「阿柯拉、太其瑪哈之建築，實地視察，並無足觀，未如往日所得聞者之偉大，更無文物意義之可言。」《游記》

與王寵惠商定隨行各員職務。晚六時，以飛機行，十時到克拉蚩，宿。《困勉記》

自阿柯拉飛克拉蚩，在機上繼續重看白皮書和平與戰爭。《學記》

到克拉蚩，曰：「本日夫人目疾略減，而皮膚病濕氣為患更劇，以氣候轉熱關係也，惟有默禱上帝，保佑速痊。」《愛記》

11月20日

上午十時，觀嗎嗊中美空軍訓練所，返寓午餐。晚十一時，以飛機發克拉蚩，往開羅。《游記》

晚十二時，以飛機行。《困勉記》

自克拉蚩飛開羅，在機上，繼續重看白皮書和平與戰爭完，記曰：「此書第二遍看畢，覺此實研究美國外交政策之基本材料也。」《學記》

下午，曰：「研究美金借款運用方案，乃覺孔庸之對於財政金融計畫，其老練與精明，實非他人所能及也。」晚，以飛機往開羅，在機上，曰：「晚餐時，見夫人目疾與精神較昨為佳，方甚快慰，不料夜間在機上，其皮膚病復發，且甚劇，面目浮腫，其狀甚危，幾乎終夜未能安眠，以左醫生新來，不知其體質，誤用其藥乎？心甚憂慮。」《愛記》

11月21日

晨，在機上，曰：「看錶已上午十時，而天猶未明，蓋埃及時間，與重慶相差，約五小時之久，乃改撥錶針，仍可六時半起床矣。」七時半，到開羅，下機，以汽車經開羅市中心，曰：「金字塔遙立，相望，若待遠賓然。」經塔旁，到彌那區，寓第一號舍中。朝餐畢，散坐庭院，憩坐金松樹下，曰：「於此靜坐凝思，覺甚清晰也。」《游記》

晨七時半，到開羅。午後，與藍浦森談話。晚，訪邱吉爾，談半小時回。召集隨員訓誡畢。《困勉記》

晨，在機上曰：「昨夜吾妻誤服藥劑，不能安眠，幸今晨病勢漸減，可慰！」上午，到開羅，曰：「先為夫人覓醫驗病。」下午，曰：「藍浦生入謁，與余握手，口稱邱首相已到，屬來告五時半前來謁，余乃卻之；六時半，余往訪邱吉爾，談半小時，意頗融洽，比

未見以前所想像者較優也。」晚，曰：「夫人此次帶病同來開羅，一面感慰，一面憂憐。」《愛記》

11月22日

晨，又研究會談要旨，曰：「甲、對美要旨：子、對倭無條件投降之處置；丑、供給我卅師武器；寅、補充中國戰區空軍；卯、借款全部劃入我中央銀行戶；辰、中美經濟合作；已、中美參謀會議速組；午、遠東政治會議速議。乙、對英要旨：子、西藏問題，願英勿干涉；丑、借款條件，我提最後意見；寅、港九問題，暫時擱置。」又研究會議目的，曰：「甲、要求攻緬之海陸軍同時動作；乙、攻緬以蠻得勒為目標；丙、東北與臺灣、澎湖應歸還中國；丁、戰後應使朝鮮獨立；戊、保證泰國地位；已、在華之倭所有公私產業與商船等，應作為賠償中國損失之一部分。」上午十一時，邱吉爾來訪，與談一小時。午，霍浦金來談。下午五時，訪羅斯福，與馬歇爾、李海共談一小時。晚，考慮曰：「昨、今兩日觀察所得，此次會議乃由英、美參謀團擬定程序，而並未計及中國之地位與提案，是可怪也；此須間接通知羅氏，使彼注意！」夜深，聞羅斯福已重新變更會議方式，曰：「其方式雖已為中、美、英共同會議，然仍未另組提案會。可歎！」《困勉記》

在開羅，研讀非洲地圖。《學記》

上午，曰：「十一時，邱吉爾來訪余，與談一小時，其間與吾夫人談笑不斷，彼首問曰：『你平時必想我邱某是一個最壞的老頭兒乎？』吾夫人答曰：『要請問你自己是否為壞人？』彼曰：『我非惡人。』吾夫人曰：『如此，就好了。』其言多為吾夫人所窘也。」下午，曰：「正午，霍浦金來訪，謂羅總統已到，約五時相見，屆時往訪，一見如故，但其人形態，斜目而跛目〔足〕，顯為陰沉深刻之政治家，自有一種不凡風度乎？余問赫爾已回華府否？及莫斯科會議成功之大，表示賀忱。茶會間，馬歇爾、李海二參謀長及霍浦金作陪，見吾夫人與之應酬，問答之有禮，工作之辛苦，若非見此，不能想像其為國貢獻之大也，余乃因此可以少談話矣。」《愛記》

11月23日

晨，研究史迪威所代擬之提案，曰：「此案甚為不妥，尤以指揮中美聯軍一條，非詳加改正不可！且此案未先提商於羅氏，不應先提出會中，應阻止史氏勿提！」又曰：「今日上午，幾乎全為此案憂慮！」上午十一時開會，下午一時散會，曰：「今日情形尚不壞，邱氏對余要求攻緬之海軍應與陸軍同時發動一點，以為不能同意，而會中全體人員則已默認余之意見為不二之理矣。」下午，與馬歇爾詳談，曰：「馬氏話甚冗長，但無次序、無重點，談至七時，尚不能得其要領也。」晚七時半，應羅斯福之宴，與談至十一時，乃約明日續談而回，曰：「今夜與羅氏所談要旨：一、日本未來之國體問題。二、共產主義與帝國主義問題，余於此直告羅氏，謂彼對俄共產主義之政策，已到初步效果，惟希望對英帝國主義之政策，亦能運用成功，以解放世界被壓迫之人類，方見美國此次對世界戰爭之貢獻，得有報酬也。三、領土問題，余謂東北四省與臺灣、澎湖群島，應皆歸還中國，惟琉球可由國際機構委托中美共管，余之所以提此：一、以安美國之心；二、以琉球在甲午以前，已屬日本；三、以此區與美共管，比歸我專有為妥也。四、日本對華賠償問題。五、新疆及其投資問題。六、俄國對倭參戰問題。七、朝鮮獨立問題，余於此特別注重，引起羅氏之重視，要求其贊助余之主張。八、中美聯合參謀會議問題。九、安南問題，余於此，極端主張戰後由中、美扶助其獨立，並要求英國贊成。十、日本投降後，對其三島駐軍監視問題，余於此首言應由美國主持，如需要中國派兵協助亦可，但羅氏堅主由中國為主體，此其有深意存也，余亦未便明言表示可否耳。」《困勉記》

下午，曰：「與馬歇爾詳談至日暮。」晚，曰：「應羅斯福之宴，詳談至深夜十一時。」《愛記》

11月24日

晨，命王寵惠往屬藍浦生，曰：「余願與英國談政治問題。」午，與馬歇爾談已，曰：「余以對蒙巴頓計畫根本反對之意告之。」傍晚，閱羅斯福所擬此次會議聲明書草案，曰：「此完全照余昨晚所提議者，余完全同意也。」晚，應邱吉爾之宴，宴後與之談畢，曰：「未宴以前，邱氏導余至地圖室，談攻緬時期及其海軍各種艦艇數字之大略，余問其海軍登陸時期，則答須待至明年五月間，殊令人失望！宴後，又至地圖室，彼詳說各戰區海陸空作戰之現狀，而對於攻緬時，海軍預想之各地點，則不肯明確告余。嗚呼！余與邱氏相見四次矣，何其人狹隘浮滑，自私頑固如此也！」《困勉記》

午，曰：「馬歇爾來談，余以對蒙巴頓計畫根本反對之意告之，彼甚動容。」傍晚，曰：「霍浦金攜羅斯福所擬此次會議聲明書草案交吾夫人，徵求余之意見，余完全同意，以其所言者，完全照余昨晚所提議之要旨也，因此益覺羅氏對華之誠摯精神，決非浮泛之政治家所能及也。」《愛記》

11月25日

與邱吉爾、艾頓、蒙巴頓談已，曰：「余力勸邱氏提早海軍登陸時期，以補救陸上計畫缺點之一部，邱氏雖未如前昨之覆絕，然亦未之明許也。」邱氏等去後，往訪羅斯福，又與詳談，曰：「今日所談要旨：一、中美聯合參謀會議；二、中美政治委員會；三、攻緬，英海軍登陸時期，由羅保證提早；四、發表公報手續；五、第三個卅師之武器供給，由我自動聲明。」又曰：「羅氏歎謂：現在所最成問題，令人痛苦者，就是邱氏問題！又謂：英國總不願中國成為強國！言下頗有憂色，是其情態，更親切也！」談畢回，與夫人商提美借款與經濟協助之方式及程序，曰：「此種重大事件之進行，成敗榮辱關頭，惟有吾夫妻共同精討，庶不誤事！」又曰：「決由吾妻先於明晨單獨見羅，試談其事，以覘彼之態度，然後再定進退與多寡之計畫也。」《困勉記》

上午，曰：「今晚在羅斯福寓照相，羅謙讓，推余坐中位者再，余堅辭，乃自坐其右側，邱吉爾則坐其左側，最後邀吾夫人同坐，共照一相。照畢，又與羅談半小時，彼神情誠摯，對余所言，毫無誤解。」下午，曰：「今再與羅詳談，談畢，羅慨然歎曰：『現在所最成問題，令人痛苦者，就是邱吉爾也；』又曰：『英國總不願中國成為強國』，言下頗有憂色，其情態比上次談話時更增親切也。」晚，曰：「今晚與吾夫人詳商要求美國借款與經濟協助方式，夫妻共商精討，庶不誤事，亦惟此方足以慰藉征途憂患之忱也。」《愛記》

11月26日

上午，與美國空運有關各主管人員，談中國戰區空軍補充機數與空運數量，曰：「今日情勢，以羅氏昨晚曾對其所屬，極稱余之偉大故也。」午，召宴美參謀長金氏，以日本今年造船計畫交之，又與太平洋今後之作戰方略，曰：「金氏以先接近中國海口為惟一要務，余聞之頗慰也。」下午三時，又與羅斯福詳談，曰：「今所談要旨：一、借款問題，余詳告以經濟危急之情狀，以其上午與吾妻會談時，彼已允許大綱也。二、外蒙古問題。三、西藏問題。四、海軍登陸日期，羅雖一再保證提早，然邱尚未同意也。」四時半，命王寵惠與艾頓、賈德幹會商公報文字畢，曰：「亮疇回報，以公報須由德黑蘭會談後公佈，余允之。」《困勉記》

午，曰：「今與金參謀長詳談，余此來所見者，除羅氏之精誠可佩外，惟金對余為最誠實、最有益之一人，彼少年時，早在中國服務，故對華感情亦佳也。」下午，曰：「與羅氏作懇辭道別。」晚，曰：「見希臘政府總理，彼盛道其國王對余感慕之忱，及不能面晤為歉之意，余覺其出於實情也。」又曰：「與霍浦金晚餐道別，余表示此次世界大戰，如非羅總統之政策與精神，決不能有今日之優勢，故余甚佩服其人格之偉大也。」又曰：「今日吾妻自上午十一時往訪羅斯福商談經濟回來，直至晚間霍浦金辭去，在此十小時之間，幾乎無一息暇隙，所談皆全精會神，未有一語鬆弛，故至晚十時，見其疲乏不堪，彼目疾未愈，皮膚病又癢痛，而能如此，誠非常人所能勝任也。」《愛記》

11 月 27 日

下午二時，游覽金字塔、人像石、古石室，曰：「此石室，石料之大，建築之固，殊為罕覯，緯兒往日所說之古蹟，余今目睹之矣。」游各回教堂，至今王之祖之教堂，曰：「莊嚴偉大，誠所罕見，雖我北京之天壇，亦有所不及也。」又曰：「其地為一舊城，乃開羅全市之最高處，眺望全城形勢，及其周圍百餘里，所有各種地物，多數教堂與金字塔，皆歷歷可見，聞古為王宮，今乃英軍駐紮矣。」游大墓地，曰：「此名死人城，初入其境，只見平房纍纍，家家門戶緊閉，冷落蕭條，不見人跡。蓋平房之內，皆墳墓也，並無民居，其地範圍頗大，亦有古教堂在也。」游開羅舊城，曰：「城碟構造髣髴類乎我國，而城內街巷之方式，居民之生活，狹窄卑汙，又如我往日之上海城內也，乃與現今之新市場相連，又如我上海城之與租界相連者，又見憲警之鞭撲民眾，亦無異上海巡捕之狠毒。嗚呼！可慨也夫！」游畢，返寓，晚六時餘矣。十一時半，以飛機發開羅回國。《游記》

晚，曰：「今晚埃及王派其內大臣代表來見，表示其對余仰慕之忱，及病中不能晤面為歉之意，別時且有依戀不忍言之感，余亦甚有感也。」《愛記》

晚十一時半，以飛機自開羅回國。《困勉記》

11月28日

午，到克拉蚩，曰：「此次在開羅七日，以政治收獲為第一，軍事次之，經濟又次之。將來和平會議中，關於我國最艱難之問題、最重大之基礎，已得而解決乎？」《困勉記》

返克拉蚩，曰：「本週在開羅七日，會談結果，以政治之收穫為第一，軍事次之，經濟又次之，至如東北四省與臺灣、澎湖群島，乃已失去五十年或十二年以上之領土，而能獲得美、英共同聲明歸還我國，又得共同承認朝鮮於戰後獨立自由，此固由余平時之人格所感召，而吾妻為余協助之功實更大，否則，當不能得此大成也。」《愛記》

午十二時半到克拉蚩，曰：「印度時間已下午五時矣。」仍寓美空軍司令官邸，散步海濱，游覽市區，曰：「此仍一上海式之街市也。」《游記》

返克拉蚩，看梁啟超著自由談，記曰：「使人手不忍釋卷。」《學記》

自開羅返國，過印度克拉蚩，曰：「本週在開羅逗留，共為七日，乃余登外交舞臺之第一幕也，政治、軍事、經濟，雖皆獲得相當成就，然而今後若不自我努力奮鬥，則一紙空文，仍未足為憑，如何自強？如何自勉？慎思之！篤行之！」又曰：「中國如不能於此次抗戰中，獲得轉機，則此後永無解放之日矣！」《省克記》

11月29日

續看自由談完，記曰：「此書多有價值之文，惟其中善變之豪傑一篇，乃顯示其為無宗旨之政客自辯地步也。如梁專為學者，或終身從事於教育，而不熱中政治，則其有益於國家民族必更多矣。惜乎！舍其所長而自用其短，至今猶不免為後人所不齒。然其著作實多裨益於我民族之復興，而其關於常識者，尤卓卓然足稱也。」《學記》

11月30日

晨三時，以飛機行，八時到藍溪，與蒙巴頓談已。晚，以飛機行，八時半，到茶埠。十二時半，登機回國。曰：「此次開羅會議，三國公報成立以前，三國代表提出討論時，英國賈德幹辯難甚多，尤以對朝鮮獨立，堅主不提，且對東北，亦以為只言日本應放棄滿洲為度，而不明言歸還中國，經我代表王寵惠力爭，又得美國代表之贊助，始得將原案通過。」又曰：「公報上本有我夫人參加會議一條，英代表力主削去，而羅斯福

有不滿之色，余乃以此無關大旨，命亮疇贊同英人之主張。」《困勉記》

晨三時，以飛機發克拉蚩，八時到藍溪。換汽車行一小時到藍加，閱兵訓話。下午五時返藍溪，仍以飛機行，八時半到茶埠，視察軍營。十二時半又登機，飛行。《游記》

返藍溪，記曰：「本月看完清代學術概論，重看美國務院白皮書和平與戰爭亦完，途中看梁著自由談亦完，近來求知好學之心，較前益切矣。」《學記》

返藍溪，曰：「以羅斯福此次言行，及其國民一般之言論與精神觀之，確有協助我中國造成獨立與平等地位之誠意也。」又曰：「此去埃及，所經各地，最大之感想，為英國在世界之勢力強固與遠大，得窺其一斑，而以亞、非二洲如此難馴之回教國民，皆使之服從聽命，實為其不可思議魔力之尤者，不能不令人驚佩，可知東方各民族，欲求反身獨立自由，言之何其易也，此後中國如再不能乘機自強，尚能拯救其他各民族耶！而各民之獨立自由，將絕對無望矣，奈何！」《愛記》

12月1日

上午八時，到重慶，曰：「開羅會議之經驗，因知英人無論軍事、經濟與政治，決不肯犧牲絲毫利益，以濟他人，即對於美國，亦決不肯有所遷就，以作報答，若我中國之存亡生死，則更不值其一顧矣。是以羅雖保證英海軍提早在緬登岸，必與我陸軍一致行動，而余明知其不可能，乃不得漫應之。蓋余不願以英海軍如不同時登陸，則我陸軍亦停止行動之語，出諸吾口，以為彼他日推諉之口實也。嗚呼！英人之自私甚矣！」又曰：「此時對於外交，不能有完全自主獨立之道，固非運用互利不可！」又曰：「無競惟人，我中國在此三十年內，人才教育未能生效以前，決不能與英、美躋於平等之域，此於此次開羅會議中更獲得明切之教訓，乃我國人夢夢，侈談平等獨立，而不知自求其所以不能平等獨立之痛，在於無恥而妄念也，言之可痛！」《困勉記》

返重慶，曰：「反省上月，大部精力，為準備開羅會議之計畫，與提案之方式，慎重斟酌，不敢掉以輕心，幸無貽誤，以後應益自勉焉。」又曰：「對於軍事，因循苟且之習氣漸深，對於外交，患得患失之鄙見未淨，此時對於外交不能有完全自主獨立之道，固非運用互利不可，但對於軍事，正可主動積極進行，奈何亦如此粗疏忽略，而不能自強耶！」《省克記》

12月4日

曰：「昨日發表開羅會議公報以後，中外輿論，莫不稱頌中國外交史上，為近世以來空前之勝利，寸衷則

惟有憂懼而已！嗚呼！可不益自加勉哉！」《省克記》

12月6日

曰：「此次開羅會議，各種提案先由三國代表討論，當時英國代表賈德幹，對於朝鮮獨立問題堅主不提，而對東北問題，亦只言日本應放棄滿洲為度，而不明言歸還中國，後經我代表王寵惠力爭，美國代表竭力贊助我，乃將我所提原案通過；惟關於我夫人參加會議一段，終被削去，羅總統表示不滿之色，我與夫人認為小事不計，實則我夫人之雅量，可嘉焉。」又曰：「余在開羅，甚想與埃及王會晤，不料其在月初撞車受傷，在他處調治，未能晤面，只有派員赴其府中問候致敬。據其內大臣所言，埃王特令彼代達內心，埃及之獨立自由，惟有賴中國協助之一途，其言悲戚可感。嗚呼！余不能不負起解放東方被壓迫之一切民族與人類之責任矣！」《愛記》

國防最高委員會祕書長王寵惠開羅會議日誌

11 月 21 日　星期日

本日上午七時零五分（開羅時間），飛機抵開羅市外之培因（Paynefield）飛機場，在機場迎接者有陳納德將軍及美國第九航空隊軍官若干人。嗣聞英方聯絡官云：「委座抵開羅時間較預定者早一日，當時美方空軍人員嚴守祕密，故英方軍政長官未獲來機場迎接，深以為歉。」

委座暨夫人乘美國空軍站長所備汽車，由陳納德將軍前導，經過開羅市區，先赴開羅西南十五公里尼羅河西岸之米納（Mena）飯店會議場，即由會議場負責英軍人員迎接，引導至第一號別墅官邸。

上午十時，大會事務主任摩耳海少將（Moorhead）來訪商主任，商定第二十一及二十七兩處宿舍，並在米納飯店內撥房兩間，為聯絡及開會時休息之用。

委座抵第一號別墅後，分配住所，指定王祕書長寵惠、俞侍衛長濟時、董副部長顯光、黃總幹事仁霖、俞祕書國華、陳武官平階、左醫生維明、陳小姐純廉，隨住第一號別墅。其餘隨從人員分住第二十一號、第二十七號別墅。第一號別墅，英方派卡特上尉為聯絡官，並警衛步兵一連、憲兵一小隊、便衣警士七人。別墅四周警衛森嚴。

隨從人員於行抵米納飯店會議場時，在會議場早餐。蔡團員文治當向大會詢問處詢明大會之組織及佈置如下：

一、以米納飯店為會場。中、美、英出席人員分住米納飯店四周之官舍。

委座住第一號別墅，中國方面隨員分住第二十一號、第二十七號別墅。

邱吉爾首相住第十八號別墅。美國馬歇爾參謀長及空軍總司令安諾德住第四號別墅，海軍總司令金氏住第八號別墅。

二、大會不另設祕書處，即以華盛頓英美聯合參謀部之祕書任其事。美方以馬歇爾參謀長之祕書丁少將（Deane）及魯耶爾海軍上校（Royal）為祕書。

三、大會有事務處，主管飲食、交通、醫務、郵信、警衛、防空等事宜。

我代表團名單（STAFF MEMBERS ACCOMPANYING GENERALISSIMO AND MADAME CHIANG KAI-SHEK）經委座核定後，譯成英文，送達英方：

王寵惠　國防最高委員會祕書長

DR. WANG CHUNG-HUI, Secretary-General, Supreme National Defense Council

商　震　軍事委員會辦公廳主任

GENERAL SHANG CHEN, Chief of General Office, National Military Council

林　蔚　侍從室第一處主任

LIEUTENANT-GENERAL LING WEI, Chief of First Department Generalissimo's Personal Staff

周至柔　軍事委員會航空委員會主任

LIEUTENANT-GENERAL CHOW CHIH-JOU, Director of Commission on Aeronautical Affairs, National Military Council

董顯光　宣傳部副部長

DR. HOLLINGTON K. TONG, Vice-Minister, Ministry of Information

楊宣誠　軍令部第二廳廳長

VICE-ADMIRAL YANG HSUAN-CHEN, Chief of Second Division, Ministry of Military Operations

郭斌佳　外交部參事

DR. KUO PING-CHIA, Counsellor, Ministry of Foreign Affairs

朱世明　駐華盛頓陸軍武官

LIEUTENANT-GENERAL CHU SHIH-MING, Military Attache, Chinese Embassy, Washington D.C.

俞濟時　侍衛長

LIEUTENANT-GENERAL YU CHIH-SHIH, Chief Aide-de-Camp to the Generalissimo

蔡文治　駐美軍事代表團團員

MAJOR-GENERAL TSAI WEN-CHIH, Member of Chinese Military Mission to U.S.A.

黃仁霖　軍事委員會戰地服務團總幹事

MR. HUANG JEN-LIN, Director, War Area Service Corps

陳希曾 侍從室組長
COLONEL CHEN HSI-TSENG, Section Chief, Generalissimo's Personal Staff

陳平階 侍從武官
COLONEL CHEN PING-KAI, Aide-de-Camp

俞國華 侍從祕書
MR. YU KUO-HUA, Secretary to the Generalissimo

左維明 隨從醫官
DR. TSO WEI-MING, Physician

陳純廉 蔣夫人英文祕書
MRS. PEARL CHEN, Secretary to Madame Chiang

是日上午十時，英國中東事務大臣加賽（Rt. Hon. Richard C. Casey）來訪，說明未曾預知到達時日，有失歡迎，表示歉意；並知悉蔣夫人適患目疾，願邀當地名醫診視。當即由王祕書長答以謝意。

上午十一時，委座召見我駐開羅代辦湯武，垂詢埃及概況。

下午二時，史迪威爾將軍來訪，商主任、林主任接見，談及在渝預擬方案，尚未向各方談及，並云開會重要人員未到或剛到。

下午四時，英駐埃及大使吉樂仁子爵（Lord Killearn，曾任駐華大使）代表邱吉爾首相來見委座，道達邱吉爾首相已於下午三時半抵開羅，擬即於下午五時半來訪委座。委座答以明晨約見。委座因邱吉爾首相身為地主，且已先約來見，召王祕書長商談後，乃於即日下午六時半先往訪晤。由王祕書長隨往，蒙巴頓勛爵（Lord Louis Mountbatten）亦在座，談話約半小時，要點如左：

邱吉爾首相：今日得與閣下相見，甚為榮幸。此次長途跋涉，一路妥適否？

委　員　長：行程旅次，至屬愉快。前此與閣下雖屢曾互通函電，而此次得與閣下晤面，深感歡欣。

邱吉爾首相：自貴國抵此，行程幾日？

委　員　長：行程共三日。閣下此來，由海道乎，抑飛行乎？

邱吉爾首相：由地中海坐軍艦到亞歷山大後，乘飛機來開羅。此項行程，在數月以前，實不可能，而今安然為之，足證吾人今日已掌握地中海上之控制權。此次來埃及會議，因念埃及為文化悠久之國家。據最近研究所得，埃及之信史，已有六千年。貴國亦係文明古國，不識有多少年之信史？

委　員　長：約四千六百年。

邱吉爾首相：埃及全靠尼羅河。此間人民之生活，農業之發展等等，均惟此河是賴。埃及現有倉庫甚多，堪稱不時之需。埃及之地位向屬重要，在此次戰爭中尤甚。英國守衛埃及，已有兩次。前次大戰時，在防止土耳其之侵入。此次大戰中，則在防止德、意。因埃及地位重要，故有強固之設備，多量之飛機。若德方空軍來襲，可遣派大批飛機出外迎戰，毫無問題。以閣下在重慶之經驗言，必習以為常，視若無事也。吾人之共同朋友（指羅斯福總統）明日亦可抵此。不識閣下前曾與史達林先生晤面否？

委　員　長：未曾相晤。此次莫斯科會議及四國宣言，具有重大之意義，影響所及，能奠定將來世界之和平。

邱吉爾首相：誠然，成績甚好，對於世界和平及彼此合作，極有關係。據余推測，蘇聯有於德國潰敗後參加遠東戰爭之可能，余希望如此，並相信如此。閣下其亦希望蘇聯參加遠東戰爭乎？

委　員　長：當然同此希望。

邱吉爾首相：關於遠東方面之反攻，明年自一月至三月間將可逐漸發動。陳納德將軍（General Chennault）率領之在華空軍，有無增強可能？

委　員　長：自應增強。

邱吉爾首相：日本之戰鬥力已否削弱？

委　員　長：只在空軍方面已見削弱。閣下以為德國內部有發生變化之可能乎？

邱吉爾首相：德之祕密警察向稱強固，而納粹黨組織亦甚嚴密，故全國人民均受控制。納粹政府一日存在，其軍隊勢將一日作戰。但最近經吾人繼續不斷之大批空襲後，德國人民之糧食及住所問題已相當嚴重，日感困難矣。

邱吉爾首相當時約定次日正午十二時來訪委座，臨別時，邱吉爾首相及蒙巴頓勛爵均請代向蔣夫人致意。

下午八時，商主任、林主任回訪史迪威爾將軍。

下午九時，委座規定隨從人員各員任務及集合辦公：

政　　治	－	王寵惠　郭斌佳
軍　　事	－	商　震　林　蔚　周至柔 楊宣誠　朱世明　蔡文治
新　　聞	－	董顯光
國際要聞	－	郭斌佳
交　　際	－	朱世明　陳平階
文　　書	－	俞國華
警　　衛	－	俞濟時　陳平階
庶　　務	－	黃仁霖　陳希曾

是日下午七時，警衛營副營長布洛克少校來通知第一號別墅警衛人員舉行會議，請我方派人參加，由俞侍衛長派陳武官出席。

是日蔡文治團員以電話詢問美國陸軍部亞洲作戰科長田柏門（Timberman）美方到會人員名單及開會程序，據云：並無正式議程。

是日下午，楊宣誠廳長整理敵情資料。

11日22日　星期一

本日上午九時，委座召集全體隨從人員在第一號別墅訓話，指示工作分配，並命每日按時辦公。

正午十二時，邱吉爾首相來訪委座與夫人。首相隨從人員有蒙巴頓勛爵、魏亞特中將、邱二女公子阿利弗夫人，及湯姆生中校（首相副官）、道卜生中校（蒙巴頓勛爵副官）。首相與委座及夫人談話約半小時，由王祕書長及郭參事擔任翻譯，其要點如左：

邱吉爾首相：夫人目疾如何？余之隨從醫官如可有效勞之處，請隨時見告。

蔣　夫　人：荷蒙雅意關懷，無任感謝。

委　員　長：貴我兩國，戰時戰後，均應澈底合作，故極願與閣下討論有關兩國之問題，尤其是有關戰後合作問題。

邱吉爾首相：余亦甚願討論貴我兩國合作問題。我方代表團各級人員有四百之譜，任何問題均可提出討論，即印度問題亦然。不識閣下有提案乎？

委　員　長：貴方如有提案，亦可乘此機會交換意見。

邱吉爾首相：據余之意，將來世界和平，應有一總機構，總機構之下，復有分機構：例如歐洲有一分機構，遠東有一分機構。其餘各國可分別參加，以維持世界和平。

委　員　長：是。

邱吉爾首相：英、美代表團將於今晚舉行議程委員會，決定明日議事日程，大約今晚十一時後，可將所擬議事日程及開會時間，通知貴方。

下午一時，羅斯福總統私人祕書霍布金斯來見。邱吉爾首相來訪時，已獲知羅斯福總統於是日上午抵開羅，遂由霍布金斯約定委座及夫人於下午五時往訪羅斯福總統。

是日上午十時，商主任訪問東南亞洲盟軍總司令蒙巴頓勛爵，談話要點如下：

一、商主任謂：「對緬作戰，海軍關係之重要，想閣下早有成竹，希望此次會議時，再加以切實規定。」蒙云：「此點在重慶時已承蔣委員長指示，余為海軍出身者，更著重於此，自當努力為之。但人微年青，恐政府不甚重視，仍請蔣委員長在開會時特別主持，則較余更為有力。」

二、繼詢以其此次提案辦法，蒙云：「提案今晚即截止，如有提案，最好送余代為送提。」當由商主任詢彼何不告知中國方面派員參加提案委員會，彼未能作明確答覆。

三、詢以會議時各方應參加人員，蒙云：「中國方面蔣委員長蔣夫人及隨從之高級將領均可參加，並可帶通譯人員。」

十一時，商主任訪英駐近東總司令威爾遜中將，彼對委座表示極端歡迎，並商定晉見委座時間。

是日下午五時半，商主任訪問吉樂仁子爵，答謝彼昨日之晉謁委座，並告以明日委座派王祕書長來談中英問題，彼表示歡迎。

下午六時，商主任到馬歇爾總長茶會，談話要點如下：

一、派美軍到中國戰區，本無問題，但近來運輸艦在地中海及大西洋上均有損失，加以蘇聯方面需要接濟軍火甚急，而土耳其行將參戰，亦要船隻為之運輸。麥克阿瑟將軍到澳指揮作戰以來，屢請美國派兵，但迄今為止，亦不過只送去純粹美軍數師，此外多係澳軍或混合部隊。

二、對中國之飛機，自當源源接濟，不成問題，惟希望中國加強機場等設備。

三、此次以蒙巴頓為東南亞總司令，協同反攻緬甸，認為係最適宜之人選，希望中國切實與之合作。

林主任為議程委員會參加問題，轉商史迪威爾將軍轉達英美參謀部聯合會議，據云：並未組織議程委員會。

史迪威爾將軍約定下午九時晉見委座，至時未到。以電話詢問，則史已赴羅總統官邸開會。下午十時，委座命商主任及林主任候史將軍來時代見，將談話經過記錄，於明晨呈閱。至十一時，史仍未來，商主任、林主任乃同往史將軍處。史將軍謂：「九時未到原因，乃傳信誤會之故。至開會議程，今晚方決定明日開始會議，其通知書今夜繕發，明晨想可收到。其在渝預擬提案，經向有關方面說明，似均諒解。」林主任最注意在渝預擬提案是否可於會場提出之問題。因左列各點，頗覺其未可冒昧提出：

一、馬歇爾將軍等是否完全同意，殊未可必；

二、英方心理，必不見贊同；

三、在會場提出此種意見，稍有障礙，便不能解決，而徒然於事前暴露企圖。

因此追詢史將軍會外之情形如何，史之答覆，亦總覺非有絕對把握。此次談話，由陳武官記錄。

是日上午，美國陸軍部主管情報之貝茲准將（Brigadier Bitts）、司密斯侯敦上校（Captain Smith-Hulton）來訪楊廳長，司密斯侯敦上校前在日本東京與楊廳長舊識，此次相見於開羅，彼此均不勝今昔之感。下午，楊廳長奉諭，編譯「太平洋戰事爆發後日本軍艦商船增損詳表」。

是日上午，蔡團員為議程事與大會祕書魯耶爾上校通電話，並往訪馬歇爾總長之祕書丁恩少將。下午八時，蔡團員奉林主任交下日本昭和十七、十八年度造艦之總調查表，翻譯製表至夜半完成。

是日，英國情報部駐開羅代表爾揚約董副部長赴米納新聞會議室與彼及其部屬馬勒脫、辛克萊，暨美國戰訊局代表巴納斯、希亞等討論如何管理有關開羅會議新聞之發佈。當經決定三國代表每日上午十時及下午六時參加新聞會議，將各該國代表團逐日行動之無關機密而可以發表者，告在開羅之各國記者一百餘人，俾彼等於此項新聞可以發表之時，得有詳盡之參考資料，以助寫稿。復經決定各國記者不准進入開羅會議會場區域之內，會場區域加以軍事管制，新聞會議則在離會場半小時汽車行程之城內英莫比麗亞大廈中舉行。是日下午，董副部長奉准參加該項會議，口頭報告委座及夫人安抵開羅，並對下列問題作簡短之答覆：委座此行是否為其離國境最遠之旅行？夫人體康如何？沿途不感疲憊否？按會議之舉行，在開羅新聞界中實為公開之祕密，各記者似對委座夫婦及羅斯福總統與邱吉爾首相之行動，知之甚悉，時於其發問句中流露之。董副部長報告後，由羅斯福總統私人宣傳聯絡員杜農，據稱總統擬不久舉行一新聞會議，準備答覆各記者問。此次新聞會議中，英國代表團代表未能及時趕到，由英國情報部駐開羅代表爾揚代為報告，據稱蘇聯出席開羅會議代表團隨時有到達之可能，並聲明各記者在新聞會議所得之任何消息，目前應視為絕對之祕密。

是日上午，俞侍衛長巡視第一號別墅警戒設備，及防空洞，並將警衛情形及應注意事項報告委座。

11 月 23 日　星期二

上午八時，商主任、林主任與史迪威爾將軍昨晚談話記錄呈閱。林主任晉謁，陳述史將軍雖主張將原擬提案正式提出，但總覺不妥。十時，史將軍來見，委座詢彼意見，彼仍主提出。委座以案中文字略有修正，決定今日開會，暫緩提出。

上午十一時，委座及夫人赴羅斯福總統官邸出席第一次正式會議。

下午三時半，中美英聯合參謀會議在米納飯店開會。

是日上午，王祕書長與郭參事將我方所擬：（一）「關於設立四國機構或聯合國機構問題」，（二）「關於過渡期間國際安全問題」，（三）「關於德國投降問題」，（四）「關於遠東之問題」，四項節略，譯成英文，面呈委座。

是日正午十二時，王祕書長奉委座面諭，見吉樂仁子爵，接洽中英合作問題。談話要點如左：

王祕書長：今日遵蔣委員長意，來此討論中英合作問題。戰後中英應有密切之合作。閣下前在我中國甚久，且對我國具有同情，希望發表意見。無論其為貴國政府方面之意見，或係閣下個人之意見，均希望提供研究。

吉樂仁子爵：今日與閣下相見，久別重逢，甚感愉快。閣下今日之來意，昨晚商震將軍已曾提及。余對貴國並未忘情，余之外交生涯即在貴國開始，故甚贊成貴我兩國合作，蓋彼此合作，於兩國均有裨益也。惟是倉卒之間，殊難有具體意見。擬待艾登外相到達此間，與彼會商後，再行表示意見。

是日下午五時，英中東大臣克西及其夫人來見。五時半，哈萊將軍來見。六時，馬歇爾總長來見。

下午七時半，委座及夫人赴羅斯福總統晚宴，十時半歸。

是日下午六時，蒙巴頓勛爵之副參謀長威得麥爾少將，與史迪威爾將軍及其參謀長三人攜帶蒙巴頓之攻緬計畫，來第一號別墅，與我方參謀人員共同研究，下午八時研究完畢，我方編成提案草案。

是日下午，中美英聯合參謀會議散會後，英參謀總長布魯克上將與楊廳長商定於明日聯合參謀會議之前，召集一敵情檢討會議。

是日下午五時，朱武官修正三三三計畫。

是日董副部長因隨委座任翻譯工作，未出席新聞會議。

11 月 24 日　星期三

上午六時，蔡團員將昨晚整理就緒之英軍攻緬作戰計畫，及所繪之攻緬計畫圖，暨我方提案草案，呈林主任。八時，商主任、林主任攜呈委座，委座對提案核准。委座決定史將軍在渝所擬提案，不在會場提出。十時，提案交朱武官譯成英文。

上午十時，楊廳長整理敵情資料，出席敵情檢討會議。

上午十時半，英中東總司令威爾遜上將來見，面謝委座前派赴北非觀戰團二軍官所攜贈之委座玉照。彼告委座稱：彼部下有訓練學校二所，其一為砲兵學校，其一則訓練運用戰車及充實修理站人員。每校有學生一千人，訓練期間三星期，亦可稍加延長。今該二校之存在，仍嚴守祕密。彼答委座關於埃及氣候之詢問，謂自今至明年此時，只有雨天四、五日。惟巴力斯坦及敘利亞則多雨。埃及之農作物皆恃尼羅河水灌溉，而巴力斯坦及敘利亞則恃雨水。

正午十二時半，委座與馬歇爾總長、史迪威爾將軍共進午餐，委座表示對於攻緬計畫之意見。

下午一時，美國供應部長索姆威爾將軍來見。

下午三時半，中美英聯合參謀會議在米納飯店續開。

下午四時，陶格拉斯爵士來見。彼告委座稱，彼負責指揮地中海東部之空軍，而史潑斯將軍負責指揮地中海西部之空軍，二人皆隸空軍統帥德爾特將軍部下。彼之司令部在開羅，彼已來此一年餘。委座詢以所部空軍現狀。彼稱目前戰事已遠離其所負責之區域，部下空軍只餘戰鬥機與轟炸機四十中隊。共計在埃及訓練空軍之學校有十處。埃及空軍共有五中隊，其中戰鬥者三，轟炸者一，偵察者一，其飛機皆陳舊。委座詢以埃人是否與英人共同受訓，答係混合訓練。彼復謂戰事不久將由土耳其向巴爾幹半島進展，故此間在短期間內將重見軍事行動之活躍。彼復邀請委座參觀其離開羅五十英里之學校，彼將派其私人飛機來迎。委座謝其盛意。謂如時間許可，當接受其邀請。

下午五時，地中海空軍統帥德爾特將軍來見。彼答委座詢問時稱：其部下今有飛機四千架，分駐地中海及意大利各地。其戰略擬加以集中，以便指揮。並謂彼以前曾指揮馬來亞及香港空軍，在執行職務時，曾赴廣州。委座表示：希望其能來遠東，彼謂：此亦為彼之願望，並謂其願與日本作戰，以報昔日之仇。彼告委座，彼就今職已三年矣。

下午六時，蒙巴頓勛爵來見，討論攻緬計畫。

下午八時半，委座及夫人赴邱吉爾首相晚宴。宴後舉行談話，至十時歸。

是日下午四時，美國租借法案主管官霍布金斯（Harry Hopkins），於見蔣夫人後，與王祕書長商談會議公報內容。是晚，王祕書長將會議公報草案譯文呈閱，經委座指示修改後核定全文。

11 月 25 日　星期四

上午九時，商主任、林主任晉謁委座陳明對軍事提案結束意見。

九時半，史迪威爾將軍來見，商主任、林主任均陪坐。

上午十一時四十五分，索姆威爾將軍來迎委座及夫人往羅斯福總統官邸參加三國領袖並高級幕僚攝影。正午十二時攝影，我方隨往參加者有王祕書長、商主任、林主任。

攝影後，王祕書長旋即與霍布金斯談話，討論會議公報草案。

下午二時，朱武官奉命訪美國海軍總司令金氏談話。

下午四時，委座及夫人赴羅斯福總統官邸茶會。

是日上午九時，大會祕書魯耶爾詢朱武官以我方出席聯合參謀會議人員名單，當由朱武官告知其名單如左：

商　震	上將	林　蔚	中將	周至柔	中將
楊宣誠	海軍中將	朱世明	中將	蔡文治	中將

是日下午，我方參謀人員探悉英美聯合參謀會議對我方提案尚待研究。美國魏勞爾少將告蔡團員謂：聯合參謀會議已結束，並無會議記錄發出。

是日下午，美國登努萬准將（Brigadier Donovan）來訪，由商主任、林主任、楊廳長接見。登努萬稱：彼原為律師，因通德文，故第一次大戰時，參加對德情報工作。此次戰事發生，又被召主持總統府情報事務，並特為說明三點：（一）彼所主持之情報機關係直屬總統，雖有陸海空軍人員參加工作，但不受陸海軍指揮。（按登氏所主持之情報機關現已改隸聯合參謀會議之下。）（二）彼所主持之情報機關雖派有多人在各盟國內工作，但對盟國內情不感興趣，亦即不對盟國作調查工作，而專任蒐集敵方情報。（三）彼所主持之情報機關不僅作情報工作，並作破壞工作。（如對敵人海陸交通運輸，或佈置水雷，或埋設地雷之類。）此次盟國在西西里及意大利登陸，彼所派人員均先軍隊前往，大軍一到，即任嚮導之責，即其一例。登氏聲明此三點後，繼稱：「上年派赴貴國之梅樂斯海軍上校，聞在重慶現為貴國擔任訓練特工人員之事，此與派出之初衷完全相反。貴國或需要此項人員作此項工作，本人並不反對，不過本人所主持之情報機關其任務不在此，故已去電梅樂斯撤銷其代表本機關之職責。但彼在貴國工作所需之經費與器材，仍當源源接濟，以符貴國之要望。本人擬不日赴渝，並擬另派人員在貴國各地蒐集關於日本之情報，並施行對敵破壞之工作，此事務請轉呈蔣委員長，賜予允許協助。本人可再鄭重聲明，派來之人絕不以貴國為對象，將來工作計畫必先呈蔣委員長核准。貴國如認為不可作或不必作之事，決不實施。又所派之人，均置於史迪威爾將軍指揮之下，並附帶聲明。」等語。經商主任、林主任商議，未作具體答覆，僅允轉呈。

11月26日　星期五

上午九時，委座交下「救濟中國經濟之辦法」於王祕書長，由王祕書長與俞祕書譯成英文面呈委座。

上午九時，委座召見史迪威爾將軍，告以關於聯合參謀會議對於攻緬計畫繼續商討之辦法。

上午十時半，蒙巴頓勛爵來見。

上午十一時，委座召見安諾德將軍、索姆威爾將軍、史迪威爾將軍、費拉將軍、史屈梅爾將軍、陳納德將軍等，會商空運噸位問題。

上午十一時十分，夫人往訪羅斯福總統，有所商談。

正午十二時，美國海軍司令金氏，由朱武官約來晉見，並共進午餐。夫人在座，商主任、林主任、周主任、楊廳長、朱武官均陪席。委座手交金氏關於日本昭和十七、十八年造艦計畫與其現有船隻噸位。金氏談稱：（一）彼在日俄戰爭時，曾來中國。當時彼在美國軍艦任下級將校職務，目睹中國海軍依法解除侵入中國海港之俄國軍艦，為日本強索而去。自此即深切認識日本軍人之橫暴。（二）美國海軍艦隊分佈太平洋、大西洋，區域遼闊，補給不易。而各方面負責之司令長官只知為其本身著想，多方要求增加兵力及軍實，雖居心無他，但實不知最高司令部統籌支配，煞費苦心。（三）彼對我派遣學生赴美學習海軍事，極表歡迎，並希望我源源派遣，彼當為我負責教育，一如其教育美國海軍軍官。

下午三時，委座及夫人赴羅斯福總統官邸會議。

下午五時，委座及夫人在第一號別墅舉行茶會。來賓名單如左：

英國中東大臣克西及克西夫人

英國外相艾登

英國駐埃及大使吉樂仁勛爵及勛爵夫人

英國駐蘇聯大使卡爾爵士

英國外交次長賈德幹爵士

美國駐希臘大使兼埃及公使喀克

美國駐英大使魏南特

美國駐蘇聯大使哈立曼

阿立弗夫人（邱首相之次女公子）

派克祕書

英國駐美軍事代表團團長笛爾元帥

英國陸軍參謀總長布魯克上將

英國空軍參謀總長博多爾上將

英國中東軍總司令威爾遜上將

英國駐埃及陸軍總司令斯通中將及斯通夫人

蒙巴頓勛爵

魏亞特中將（邱首相特派駐重慶代表）

英國地中海空軍總司令道格拉斯上將

英國駐中東空軍總司令泰德上將及泰德夫人

羅斯福上校（羅總統之次公子）

波梯格少校（羅總統之婿）

陪坐者：湯武代辦及湯武夫人

下午六時半，委座接見希臘總理，由湯代辦陪見。

下午八時，霍布金斯來見，並共進晚餐。

是日下午八時，王祕書長、商主任、朱武官修正空運會議記錄稿。

十時半，朱武官應安諾德、索姆威爾兩將軍約，往交空運會議記錄修正稿。

是日開羅會議公報定稿。是晚，定稿送達我方。關於發表日期，王祕書長以電話詢問霍布金斯，據答美駐土公使喀克（Kirk）將於明晨來與王祕書長商定。

是日上午十時，董副部長奉委座核准參加新聞會議。各記者要求得於委座及夫人離開羅之前接見記者一次。董副部長答稱：如羅總統、邱首相決定延見記者，本人當可設法請委座與諸君晤談。爾揚先生時為主席，當即告各記者稱：羅總統、邱首相恐無暇接見記者，同時董副部長答各記者詢問時，復告以夫人因開羅氣候乾燥，體康頗見進步，委座尚未得暇往遊金字塔。英國情報部代表報告此次三國出席開羅會議之人數。各記者因詢問何以中國代表團人數較少，董副部長答稱：我國重質不重量。

11 月 27 日　星期六

上午九時，北非軍總司令艾森豪威爾來見。

上午九時半，委座召見陳納德將軍，商主任、林主任、周主任均在座，確定明年度中國空軍之建設計畫。陳納德將軍並提議宜速準備之廠舍、人員及其訓練等項。委座當囑與周主任合作，速定計畫實施。同時又修正昨日空運會議記錄之內容。是日下午，由商主任備函將空運會議記錄最後修正稿送交索姆威爾將軍。

上午十時，委座召集全體隨從人員，諭知要點如左：

（一）此次會議結果，政治方面頗為圓滿。軍事方面，海陸軍同時行動一節，以得羅總統保證。至於一、二月份空運噸位每月一萬噸之數目，尚待商洽。

（二）史將軍暫留此間接洽關於會議後之各事，商主任可不必留。

（三）隨行各員分乘兩機。王祕書長、郭參事與官邸人員同乘一機，其他人員另乘一機。

上午十時，林主任往米納飯店探詢聯合參謀會議決議事。據史迪威爾將軍云：迄未見有成文之決議。經轉詢承辦議案人員，亦不得要領。且謂重要人員多已離開羅，此案或待德黑蘭會議後方可決定云。

正午十二時，喀克公使來應委座及夫人之午宴。王祕書長面詢會議公報發表日期，彼謂尚未決定。惟將來須由三國同日同時發表，並將在同時發表前二十四小時將發表時刻通知我國駐開羅之湯代辦。

是日上午十時，董副部長參加最後一次之新聞會議。

是日下午二時，商主任奉命代表委座及夫人赴埃及王宮慰問埃王及王后，我駐埃及代辦湯武偕往。當由其師傅兼大禮官接見，談話均由該大禮官親筆記錄。別後，彼即乘火車到埃王所住之醫院報告埃王。

是日下午十一時，委座及夫人乘機起飛。

11月28日　星期日

上午二時，隨從人員乘第二批飛機起飛。

附一：政治問題會商經過

11月23日

上午，王祕書長與郭參事將我方預擬之政治方面提案，內容包括四項節略，譯成英文，面呈委座。節略如左：

△ 關於設立四國機構或聯合國機構問題

（一）在聯合國總機構未能設置以前，應由美、英、蘇、中四國及早成立四國機構，以便協商關於四國宣言所規定之事項。

（二）上述四國機構之經常機關，設於華盛頓，但有時亦可在倫敦、重慶或莫斯科開會。

（三）四國機構應負籌設聯合國總機構之責。

（四）聯合國總機構之組織，中國政府贊同美政府所擬議由十一個聯合國組成一種執行機關，由美、英、蘇、中四國任主席團之辦法。

ESTABLISHMENT OF A FOUR-POWER COUNCIL OR A COUNCIL OF THE UNITED NATIONS

I. Pending the formation of a Council of the United Nations, the United States, Great Britain, the U.S.S.R., and China should establish at the earliest practicable date a Four-Power Council for the discussion of questions connected with the Four-Power Declaration.

II. The Council shall maintain a Permanent Standing

Committee in Washington. The Committee may, as occasion arises, hold meeting in London, Chungking, or Moscow.

III. The Council is charged with the duty of organizing a Council of the United Nations.

IV. As regards the organization of the Council of the United Nations, the Chinese Government endorses the proposed scheme of the Government of the United States: viz., Eleven of the United Nations shall form an executive body, with the United States, Great Britain, the U.S.S.R., and China as a Presidium.

△ 關於過渡期間國際安全問題

（一）為商討維護國際安全之軍事問題，應由美、英、蘇、中四國成立「國際軍事技術委員會」。

（二）為達成維護國際安全之目的，得設立國際海空軍事根據地。但此項根據地應普遍設立，其地點之選定應先經專家之研討，及主權國之同意。

INTERNATIONAL SECURITY DURING THE PERIOD OF TRANSITION

I. The United States, Great Britain, the U.S.S.R., and China should establish an Inter-Allied Military Technical Commission to consider all military questions concerning the organization and maintenance of international security.

II. For the successful organization and maintenance of

international security, a certain number of International Naval and Air Bases will be established. Such Bases should be located at strategic points all over the world, the selection of which should be based upon the opinion of experts and subject to the consent of the States wherein such Bases are to be situated.

△ 關於德國投降之問題

聯合國關於歐洲問題之討論，中國應隨時獲得通知。其關於德國投降問題之決定，應邀請中國參加。

EUROPEAN QUESTIONS AND THE SURRENDER OF GERMANY

Any discussion on European questions among the United Nations should be communicated forthwith to the Chinese Government. China should be invited to participate in any decision concerning the surrender of Germany.

△ 關於遠東之問題

甲、遠東委員會之問題

中、英、美三國應成立遠東委員會，以考慮一切因遠東方面戰事進展而發生之諸種問題。此委員會歡迎蘇聯隨時參加。

乙、統一作戰指揮問題

為統一聯合國在遠東方面共同作戰之戰略及指揮，

應將現時設於華盛頓之英美聯合參謀會議擴充為中英美聯合參謀會議，或成立中美聯合參謀會議以指揮遠東之中、美軍隊。

丙、日本領土暨聯合國領土被佔領克復時之臨時管理問題

（一）敵人土地被佔領時，由佔領軍隊暫負軍事及行政責任。但佔領軍隊如非中、英、美三國聯合軍隊，凡關於該地區之政治問題，應組織聯合機構，而此三國中無軍隊參加之國亦均派員參加管制。

（二）中、英、美三國領土被收復時，由佔領軍暫負軍事責任，該地之行政由該地原主權國負責。彼此相關事項由佔領軍與行政機構協商行之。

（三）其他聯合國領土被收復時，由佔領軍暫負軍事責任，由該地原主權國負行政之責，但仍受佔領軍事機關之節制。（即照英、美所擬關於歐洲戰區之辦法。）

丁、日本潰敗時對日處置問題

（一）由中、英、美三國議定一戰後處置日本之基本原則，類似莫斯科會議所確定對意大利之政策。

（二）由中、英、美三國確定一懲處日本戰爭禍首暨戰事發生後日本暴行負責人員之辦法，同於莫斯科會議對納粹暴行負責人員之懲處辦法。

（三）由中、英、美三國約定，承認朝鮮於戰後得重建自由獨立，並歡迎蘇聯隨時參加。

（四）日本於九一八事變後自中國侵佔之領土（包括旅大租借地）及台灣、澎湖應歸還中國。

（五）關於太平洋方面其他領土之處置問題。應由三國

議定若干原則，並設立一專門委員會，考慮具體解決方案，或交由擬設之遠東委員會擬具具體辦法。

（六）日本在華之公私產業，以及日本之商船，應完全由中國政府接收，以補償中國政府及私人所受損失之一部。為維持戰後遠東之和平計，戰爭停止後，日本殘存之軍械、軍艦與飛機，應交由中美英聯合參謀會議或遠東委員會處置之。

QUESTIONS RELATING TO THE FAR EAST

I. Formation of a Far Eastern Committee

China, Great Britain, and the United States should set up a Far Eastern Committee to facilitate joint consultation on political problems arising from the progress of the war in the Far East. The participation of the U.S.S.R. in this Committee is welcomed at any time.

II. Creation of a Unified Command

With a view to unifying the strategy and direction of the war of the United Nations against the enemy in the Far East, the existing Anglo-American Council of Chiefs-of-Staff in Washington should be enlarged to be a tripartite council, that is, a Council of Chief-of-Staff of China, the United States, and Great Britain; or in the alternative, a Sino-American Council of Chiefs-of-Staff should be established for the direction of the Chinese and American forces in the Far East.

III. Administration of Enemy Territory and Enemy-held Territories following Allied Occupation

(A) On the occupation of the territory of the enemy, the army of occupation shall exercise the powers of military and civil administration. However, if the army of occupation should be neither Chinese nor British nor American, then all political problems concerning the said territory shall be settled by a specially created Joint Council, wherein China, Great Britain, and the United States, even though without an army in the said territory, shall fully participate for the control of the said territory.

(B) On the liberation of any part of the territory of China, Great Britain, or the United States, the powers of military administration shall be exercised by the army of occupation; and the powers of civil administration, by the State which rightfully has sovereignty over the territory in question. Matters touching on both the military and the civil administration shall be settled by consultation between the army of occupation and the civil administrative organ of the said State.

(C) On the liberation of any part of the territory of other United Nations, the powers of military administration shall be exercised by the army of occupation; and the powers of civil administration, by the State which rightfully has sovereignty over the territory in question, subject, however, to the control of the army of occupation. (In other words, China endorses the proposed scheme of Great Britain and the United States regarding the administration of liberated territories in Europe.)

IV. Settlement with Japan upon Her Defeat

(A) China, Great Britain, and the United States should agree upon certain guiding principles for the treatment of Japan after her defeat, - principles similar to those adopted by the Tripartite Conference in Moscow regarding the treatment of defeated Italy.

(B) China, Great Britain, and the United States should agree upon a program for the punishment of the leaders in Japan responsible for the war and of the officers and men of the Japanese armed forces responsible for the atrocities perpetrated during the war, - a program similar to the one adopted by the Tripartite Conference in Moscow for the punishment of Nazi war criminals.

(C) China, Great Britain, and the United States should agree to recognize the independence of Korea after the war. The adherence of the U.S.S.R. to this agreement for the recognition of Korea's independence is welcomed at any time.

(D) Japan shall restore to China all the territories she

has taken from China since September 18, 1931. Japan shall also return Dairen and Port Arthur, and Formosa and the Pescadores Islands to China.

(E) For the settlement of questions relating to territories in the Pacific, China, Great Britain, and the United States should agree upon certain basic principles and also establish a Committee of Experts to make recommendations for the settlement of these questions. If such a Committee is not established, its work shall be undertaken by the projected Far Eastern Committee.

(F) All Japanese property in China, private as well as public, and the Japanese mercantile fleet shall be taken over by the Chinese Government as indemnification in part for the losses sustained by the Chinese Government and people in the war. For the maintenance of peace in the Far East after the war, Japan's ammunition and war materials, her war vessels and her aircraft, which my still remain at the end of hostilities, shall be placed at the disposal of the Joint Council of Chiefs-of-Staff of China, the United States, and Great Britain, or in the alternative, of the projected Far Eastern Committee.

是日下午七時半，委座及夫人赴羅斯福總統晚宴，乃先提出我國之政治方面之提案。在提出之前，委座認為上述四項節略之種種建議，斷難在大會中逐一討論，更難求全部之決定。況此次開羅會議之精神，與十月間莫斯科會議不同。莫斯科會議惟恐蘇聯與英、美不合作或合作而不持久，故其重點在於爭取合作原則之確立。此次開羅會議則不然，中、英、美之合作，不成問題。所待議定者，一為調整對日作戰之戰略，一為日本戰敗時懲處其侵略行為之明確辦法。我方提案時，自應就此具體問題作直截了當之提議。因此委座決定就原擬提案中分別輕重，提出討論：凡為清算日本侵略行為，及足以明顯表現我國六年來之作戰目的者，決在此次會議中與英、美成立確切之諒解，並昭示於天下。此外諸問題則僅求交換意見，與提出節略送備參考為已足。

委座及夫人與羅斯福總統是晚僅口頭討論，並未提出書面。美方惟霍布金斯在座。會商經過，至為圓滿。中、美兩方一致同意於下列各點：（一）日本攫取中國之土地應歸還中國。（二）太平洋上日本所強佔之島嶼，應永久予以剝奪。（三）日本潰敗後，應使朝鮮獲得自由與獨立。關於戰後日本在華公私產業應完全由中國政府接收一點，羅斯福總統表示贊成。而如何使朝鮮重建自由與獨立，則雙方諒解，應由中、美兩國協助朝鮮人民達成目的。

羅斯福遂命霍布金斯根據討論之內容，起草公報。

11 月 24 日

下午四時，霍布金斯攜帶公報草案一份，於謁見夫人後，與王祕書長商談公報內容，並謂如有修改意見，可於次日上午會談時提出。王祕書長復秉承委座之意旨，將我方所備關於四項問題之英文節略，交與霍布金斯，請轉交羅斯福總統，並聲明此非提案，而係蔣委員長個人之意見，以供羅斯福總統之參考與研究。霍布金斯謂當晚即將轉交，次晨會晤時當可轉達羅斯福總統之反感與意見。是晚，王祕書長將會議公報草案譯文面呈委座核定，同時說明其中所稱小笠原島（the Bonin Islands）恐係澎湖列島之誤，擬請美方改正。委座指示照改後全文可以同意。

會議公報草案

羅斯福總統、蔣委員長、邱吉爾首相，暨各該國軍事長官在非洲某地舉行會議，業已完畢。茲發表聯合宣言如下：

「三國軍事代表對於今後由中國與東南亞洲打擊日本之作戰計畫，已獲得一致意見。此項計畫之細節固不能發表，但規定對日本將有不斷而且日益加緊之攻勢。吾人決定在海陸空各方面，對此殘暴之敵人，給予不放鬆之壓力。此種壓力，目前已經開始，日本即可領略其威力。

太平洋上被日軍佔領之島嶼，其中包括許多島嶼。日本曾自承不予設防而竟變為重要軍事根據地者，吾人決定永遠不能為日本所有。

日本由中國攫取之土地，例如滿洲、台灣、小笠原等，當然應歸還中國。凡係日本以武力或侵略野心所征服之土地，一概須使其脫離其掌握。

日本對朝鮮人民之奴隸待遇，吾人初未忘懷。日本潰敗後，於適當時期，吾人決定使朝鮮成為一自由與獨立之國家。吾人充分明瞭，欲使日本潰敗，尚須猛烈與堅苦之戰鬥。我三國保證並肩作戰，直至獲得日本之無條件投降為止。」

此次蔣夫人陪同蔣委員長與會。

美國代表為：

海軍上將李海　陸軍上將馬歇爾
海軍上將金氏　陸軍上將安諾德
陸軍中將索姆威爾　陸軍少將華德生
海軍少將勃朗　海軍少將麥金泰
霍布金斯先生　哈立曼大使
魏南特大使　史坦哈特大使
道格拉斯先生　麥克洛埃先生

英方代表為：

陸軍上將布魯克　空軍上將博多爾
海軍上將肯寧漢　路易斯勛爵
陸軍中將伊斯美

中國代表包括：

陸軍上將商震　王寵惠博士
海軍中將楊宣誠　空軍中將周至柔

Draft of Communique

President Roosevelt, Generalissimo Chiang Kai-Shek, and Prime Minister Churchill, and their respective military leaders, have completed a conference somewhere in Africa.

They issued the following Joint statement:

"The several military missions have agreed upon future military operations directed against Japan from China and Southeast Asia. The plans, the details of which cannot be disclosed, provide for continuous and increasingly vigorous offensives against the Japanese. We are determined to bring unrelenting pressure against our brutal enemy by sea, land, and air. This pressure is already underway. Japan will know of its power.

"We are determined that the islands in the Pacific which have been occupied by the Japanese, many of them made powerful bases contrary to Japan's specific and definite pledge not to militarize them, will be taken from Japan forever.

"The territory that Japan has to treacherously stolen from the Chinese, such as Manchuria and Formosa, and Bonin Islands, will of course be returned to the Republic of China. All of the conquered territory taken by violence and greed by the Japanese will be freed from their clutches.

"We are mindful of the treacherous enslavement of the people of Korea by Japan, and are determined that that country, at the proper moment after the downfall of Japan, shall become a free and independent country.

"We know full well that the defeat of Japan is going to require fierce and determined fighting. Our countries are pledged to fight together until we have received the unconditional surrender of Japan."

The Generalissimo was accompanied by his wife, Madam Chiang Kai-Shek.

The Conference was attended on behalf of the United States by Admiral Willian D. Leahy; General George C. Marshall; Admiral Earnest J. King; General H. H. Arnold; Lt.-General B. B. Somervell; Major General Edwin M. Watson; Rear Admiral Wilson Brown; Rear Admiral Ross McIntire; Mr. Harry Hopkins; Ambassador W. Averell Harriman; Ambassador J. G. Winant; Ambassador Steinhardt; Mr. L. Douglas; Mr. J. J. McCloy.

British representatives were General Sir Alan Brooke; Air Chief Marshal Sir Charles Portal; Admiral Sir A. Cunningham; Lord Leathers; Lt. General Sir Hastings Ismay.

The Chinese mission included, among others, General Shang Chen; Dr. Wang Chung-hui; Vice Admiral Yang Hsuan-chen; and Lt. General Chow Chih-jou.

11月25日

正午，三領袖及與會人員攝影後，王祕書長旋即與霍布金斯談話，告以我方對於交來之會議公報草案表示同意。惟其中所稱小笠原島恐係澎湖列島之誤，擬請改正。霍布金斯謂然，並允照改。霍布金斯又謂美方之意，公報中最好聲明三國無領土野心。對於此點，英方已表示贊成，不識中國方面如何。王祕書長答稱：中國當然亦無領土野心，可待擬就字句後，再請示核定。

關於交與羅斯福總統之節略，王祕書長再度聲明此非提案，而係蔣委員長個人之意見，並轉達委座之指示，即關於節略中之最後一項：「為維持戰後遠東之和平計，戰爭停止後，日本殘存之軍械軍艦與飛機，應交由中美英聯合參謀會議或遠東委員會處置之。」究竟應由中、美、英三國或由中、美兩國，可由羅斯福總統決定，並詢以羅斯福總統對此節略有何反感或意見。據稱羅斯福總統昨晚甚忙，未及交達。彼自己則曾閱讀一遍，感覺頗有見地，頗合情理，並稱今晨已將該項節略交與總統，且曾轉告此係蔣委員長個人意見而非提案。至關於節略最後一項可由羅斯福總統決定一層，即將此意見轉達總統。霍布金斯又謂羅斯福總統有何反感與意見，或將逕向蔣委員長有所表示。

11 月 26 日

下午三時半，美方約王祕書長談商會議公報草案，在場者有美駐蘇大使哈立曼、英外次賈德幹，旋英外相艾登亦來參加。當時就英方所提修改案討論。英方修改案如下：

會議公報草案（括弧內之文字擬刪，加圈之文字擬增）

羅斯福總統、蔣委員長、邱吉爾首相，暨各該國（軍事長官）顧問在非洲某地舉行會議，業已完畢，茲發表聯合宣言如下：

「三國軍事代表對於今後由中國與東南亞洲打擊日

本之作戰計畫已獲得一致意見。此項計畫之細節固不能發表，但規定對日本將有不斷而且日益加緊之攻勢，吾人決定在海陸空各方面對此殘暴之敵人給予不放鬆之壓力，此種壓力目前已經開始。日本即將領略其威力。

太平洋上被日本佔領之島嶼，其中包括許多島嶼，日本曾自承不予設防而竟變為重要軍事根據地者，吾人決定永遠不能為日本所有。

日本由中國攫去之土地，例如滿洲、台灣與澎湖列島，（當然應歸還中國）當然必須由日本放棄。凡係日軍以武力或侵略野心所征服之其他土地，一概須使其脫離其掌握。

日本對朝鮮人民之奴隸待遇，吾人初未忘懷。日本潰敗後，於適當時期，吾人決定使朝鮮（成為一自由與獨立之國家）脫離日本之統治。

（原附註：如此一更改不能接受，則英方願意將關於朝鮮之全段文字刪去。）

吾人此次作戰，在制止並懲罰日本之侵略，但吾人自己無所企求，並無擴充領土之意。

吾人充分瞭解，欲使日本潰敗，尚須猛烈與堅苦之戰鬥。我三國保證並肩作戰，直至獲得日本之無條件投降為止。」

此次蔣夫人陪同蔣委員長與會。

（以下為三國代表名單）

DRAFT OF COMMUNIQUE

President Roosevelt, Generalissimo Chiang Kai-Shek, and Prime Minister Churchill, and their respective (military leaders) advisors have completed a conference somewhere in Africa. They issued the following joint statement.

"The several military missions have agreed upon future military operations directed against Japan from China and Southeast Asia. The plans, the details of which cannot be disclosed, provide for continuous and increasingly vigorous offensives against the Japanese. We are determined to bring unrelenting pressure against our brutal enemy by sea, land, and air. This pressure is already underway. Japan will know of its power.

"We are determined that the islands in the Pacific which have been occupied by the Japanese, many of them made powerful bases contrary to Japan's specific and definite pledge not to militarize them, will be taken from Japan forever.

"The territory that Japan has so treacherously stolen from the Chinese such as Manchuria, Formosa and the Pescadores Islands (will of course be returned to the Republic of China) must of course be given up by Japan. All (of the) other conquered territory taken by violence and greed by the Japanese will be freed from their clutches.

"We are mindful of the treacherous enslavement of the people of Korea by Japan, and we are determined that

that country, at the proper moment after the downfall of Japan, shall (become a free and independent country) be freed from Japanese domination. ((Note: If this change is not acceptable, the British are willing to leave out this paragraph regarding Korea.))

"We are fighting this war to restrain and punish the aggression of Japan but we covet nothing for ourselves and have no thought of territorial expansion.

"We know full well that the defeat of Japan is going to require fierce and determined fighting. Our countries are pledged to fight together until we have received the unconditional surrender of Japan."

The Generalissimo was accompanied by his wife, Madam Chiang Kai-Shek.

The Conference was attended on behalf of the United States by Admiral William D. Leahy; General George C. Marshall; Admiral Ernest J. King; General H. H. Arnold; Lt. General B. B. Somervell; General D. W. Eisenhover (?); Lt. General Joseph Stilwell (?); Major General Claire L. Chennault (?); Major General Edwin M. Watson (?); Rear Admiral Wilson Brown (?); Rear Admiral Ross McIntire (?); Mr. Harry Hopkins; Ambassador W. Averell Harriman; Ambassador J.G. Winant; Ambassador Steinhardt (?); Mr. L. Douglas; Mr. J. J. McCloy.

British representatives were General Sir Alan Brooke; Air Chief Marshal Sir Charles Portal; Admiral Sir A.

Cunningham; Lt. General Sir Hastings Ismay; Lord Louis Mountbatten ( ); Mr. Anthony Eden ( ); Lord Leathers; Sir Alexander Cadogan ( ).

The Chinese Mission included.

當時討論修改案之要點及結果如下：

（一）原草案第一段中「軍事長官」，修改案擬改為「顧問」，均無異議。

（二）修改案第三段與原草案全同。討論時，賈德幹臨時建議，謂此段英文措詞似可包括日本在太平洋上一切島嶼，但原意則專指日本在太平洋上之委任統治地，故主張修改文字，用「委任統治地」或其他字樣，俾意義更為顯明。關於此點，無甚討論，均表贊成。

（三）原草案第四段本為「例如滿洲、台灣與澎湖列島，當然應歸還中國」，修改案則擬將「當然應歸還中國」改為「當然必須由日本放棄」。

英外次賈德幹謂：此項修改之擬議，蓋因英國會或將質詢英政府：為何關於其他被佔領地區並未說明歸還何國，獨於滿洲、台灣等則發表聲明歸還中國。上述各地固屬中國，但殊不必明言耳。英外相艾登在場，未發一言。

王祕書長謂如此修改，不但中國不贊成，世界其他各國亦將發生懷疑。「必須由日本放棄」，固矣，然日本放棄之後，歸屬何國，如不明言，轉滋疑惑。世界人士均知此次大戰，由於日本侵略我東北而起，而吾人作戰之目的，亦即在貫澈反侵略主義。苟其如此含糊，則中國人民乃至世界人民皆將疑惑不解。故中國方面對此段修改之文字，礙難接受。

賈德幹又謂：本句之上文已曾說明「日本由中國攫去之土地」，則日本放棄後當然歸屬中國，不必明言。

王祕書長謂：措詞果如此含糊，則會議公報將毫無意義，且將完全喪失其價值。在閣下之意，故不言而喻應歸中國，但外國人士對於東北、台灣等地，嘗有各種離奇之言論與主張，想閣下亦曾有所聞悉。故如不明言歸還中國，則吾聯合國共同作戰，反對侵略之目標，太不明顯。故主張維持原草案字句。

哈立曼大使表示贊成王祕書長之意見，並謂：吾人如措詞含糊，則世界各國對吾聯合國一向揭櫫之原則，將不置信。彼主張維持原文，並建議將該段末句「日本以武力或侵略野心所征服之土地，一概須使其脫離其掌握」，提置在第三段之後，另立為一段，其於則一切照原案不動。

王祕書長對哈立曼大使之建議，當即表示贊成。

賈德幹次長謂：此一建議雖比較略好，但仍未能解除其顧慮。

討論結果，中、美兩國主張不改，故維持原草案。

（四）原草案第五段，關於「使朝鮮成為一自由與獨立之國家」一句，修改案擬改為「使朝鮮脫離日本之統治」。

王祕書長對此表示不贊成，聲稱：朝鮮原由日本侵略吞併，而日本之大陸政策即由吞併朝鮮而開始，僅言

「脫離日本之統治」，而不言其他，則只為將來留一重大之問題，殊非得計，宜於此時決定其將來自由獨立之地位。並謂公報中關於此點，在中國及遠東方面視之，甚為重要。

賈德幹次長謂：關於朝鮮問題，英內閣前此並未討論。英係內閣制，若未經閣議而在此間決定，殊為不宜。且蘇聯對此問題之態度與反感，事前未與接洽，無從知悉，似宜顧及。故如不能照修正案更改，轉不如全段刪去也。

哈立曼旋謂：照羅斯福總統之意見，此一問題似與蘇聯無甚關係，殊不必與蘇聯商量。

討論結果，維持原草案文字。

（五）在原草案第五段之下，修改案擬增加聲明三國無領土野心一段，無甚討論，均贊成增加。

討論意見既如上述。邱吉爾首相旋即遣人送來新稿，全文較短，據云：適所討論之草案關於軍事部分，殊嫌太長，略予縮短，可以避免給予敵人以軍事消息。

DRAFT COMMUNIQUE

President Roosevelt, Generalissimo Chiang Kai-Shek and Prime Minister Churchill, together with their respective military and diplomatic advisers, have completed a conference in North Africa. The following general statement was issued:

"The several military missions have agreed upon future military operations against Japan. The three great Allies expressed their resolve to bring unrelenting pressure against their brutal enemies by sea, land and air. This pressure is already rising.

"The three great Allies are fighting this war to restrain and punish the aggression of Japan. They covet no gain for themselves and have no thought of territorial expansion. It is their purpose that Japan shall be stripped of all the islands in the Pacific which she has seized or occupied since the beginning of the first World War in 1914, and that all the territories Japan has stolen from the Chinese, including Manchuria and Formosa, shall be restored to the Republic of China. Japan will also be expelled from all other territories which she has taken by violence and greed. The aforesaid three great Powers, mindful of the enslavement of the people of Korea, are determined that in due course Korea shall become free and independent.

"With these objects in view, the three Allies, in harmony with those of the United Nations at war with Japan, will continue to persevere in the serious and prolonged operations necessary to procure the unconditional surrender of Japan."

查新稿對於中、美兩方所持之意見，均已容納，故經三方贊成。惟其中「包括滿洲與台灣」一句，王祕書長提議改為「例如滿洲、台灣與澎湖列島」，均無異議，結果遂以此為最後稿。

具時三領袖及蔣夫人正在會談中，上述商談會議公報草案之各員即前往參加，將最後稿朗讀一次，讀至關於朝鮮一段，羅斯福總統謂蘇聯對於此點，諒無意見。讀畢，三領袖贊成，遂作為定稿。

是晚，定稿送達我方。全文如左：

會議公報

羅斯福總統、蔣委員長、邱吉爾首相，偕同各該國軍事與外交顧問，在北非舉行會議，業已完畢，茲發表概括之聲明如下：

「三國軍事方面人員，關於今後對日作戰計畫，已獲得一致意見。我三大盟國決心以不鬆弛之壓力，從海陸空各方面，加諸殘暴之敵人。此項壓力已經在增長之中。

我三大盟國此次進行戰爭之目的，在於制止及懲罰日本之侵略。三國決不為自己圖利，亦無拓展領土之意思。三國之宗旨，在剝奪日本自從一九一四年第一次世界大戰開始後在太平洋上所奪得或佔領之一切島嶼，在使日本所竊取於中國之領土，例如東北四省、台灣、澎湖列島等，歸還中國。其他日本以武力或貪慾所攫取之土地，亦務將日本驅逐出境。我三大盟國稔知朝鮮人民所受之奴隸待遇，決定在相當時期，使朝鮮自由獨立。

根據以上所認定之各項目標，並與其他對日作戰之目標相一致，我三大盟國將堅忍進行其重大而長期之戰爭，以獲得日本之無條件投降。」

PRESS COMMUNIQE

President Roosevelt, Generalissimo Chiang Kai-Shek and Prime Minister Churchill, together with their respective military and diplomatic advisers, have completed a conference in North Africa. The following general statement was issued:

"The several military missions have agreed upon future military operations against Japan. The three great Allies expressed their resolve to bring unrelenting pressure against their brutal enemies by sea, land and air. This pressure is already rising.

"The three great Allies are fighting this war to restrain and punish the aggression of Japan. They covet no gain for themselves and have no thought of territorial expansion. It is their purpose that Japan shall be stripped of all the islands in the Pacific which she has seized or occupied since the beginning of the first World War in 1914, and that all the territories Japan has stolen from the Chinese, such as Manchuria, Formosa, and the Pescadores, shall be restored to the Republic of China. Japan will also be expelled from all other territories which she has taken by violence and greed. The aforesaid three great powers, mindful of the enslavement of the people of Korea, are determined that in due course Korea shall become free and independent.

"With these objects in view, the three Allies, in harmony with those of the United Nations at war with Japan, will continue to persevere in the serious and prolonged operations necessary to procure the unconditional surrender of Japan."

會議公報商討之經過，有如上述。其他政治方面諸問題之提出及商討之經過如下：

11 月 26 日

上午九時左右，委座交下「救濟中國經濟之辦法」，由王祕書長與俞祕書譯成英文，面呈委座。原文如下：

救濟中國今日經濟之計，惟有穩定幣制，則人心自定，人心既定，物價無激漲之虞。穩定幣制之方，不外：（一）減少發行數額，（二）增加發行準備，（三）吸收游資回頭。三者之中，尤應使所增發之法幣有充足之準備，方足以達上項之目的。

查上年美國為協助我國穩定幣制，平抑物價，曾貸我五萬萬美元。其中二萬萬元，業已指充公債及儲蓄券基金，用以吸收游資；二萬萬元撥購黃金，用以：（一）收購物資，（二）利用公開市場出售，收回法幣，（三）餘數充實法幣準備外，其餘一萬萬美元，內四千餘萬元已在美購物化用，所餘者僅六千萬元。故上次美國五萬萬元之貸款，事實上業已支配。今後戰事延長，需款自必更鉅，同時我對於美國在華軍事用費，如修築機場、招待美空軍人員、接運美空軍物資等項，截至現在止，業已用去法幣三十萬萬元，將來尚須繼續支付，故發行亦必增加。為穩定幣信，鞏固經濟，以增加抗戰力量，所增發之法幣，非有充足準備，不足以堅民信，而物價仍必繼續上漲。故今日非向美續借美金十萬萬元，以補充法幣一部分之準備，則不足支持以後之抗戰，故不得已再向美國提借美金十萬萬元。如此，軍需與民生方足勉資應付，乃得完成最後之勝利。

Method of Relief to the Economic Condition in China

In order to bring relief to the economic situation in China today, it is absolutely necessary to stabilize the currency, so that the confidence of the people will not be shaken and the price of commodities will not be liable to violent fluctuation. The methods of stabilization are (1) to decrease the issuance of currency notes; (2) to increase the revenue fund for the currency; and (3) to divert floating capital into the banks.

It will be recalled that last year the U.S. made a loan of U.S.$500,000,000 to China for the purpose of stabilizing our currency and the price of commodities. Part of this loan, namely, U.S.$200,000,000 has been earmarked as a reserve fund for the issuance of government bonds and war savings bonds with a view to absorbing floating capital; another part, namely U.S.$200,000,000 has been used for the purchases of gold with a view to (1) buying commodities, (2) selling them on the open market against currency notes and (3) increasing the reserve fund for the currency notes. of the remaining U.S.$100,000,000 about U.S.$40,000,000 has been used in America for making purchase, leaving a credit of only U.S.$60,000,000. It is thus seen that last American loan of U.S.$500,000,000 has in fact been already disposed of.

More funds will be needed as the war goes on. Up to now, China has already expended $3,000,000,000 (Chinese National Currency) for America's military needs in China, as for instance, the construction of air bases, expenses for the transportation of supplies to and the maintenance of the American air force in China. More money will be needed for the future and more currency notes will have to be issued. In order to stabilize the currency and the economic condition so that we may be in a better position to carry on the war, an adequate reserve fund is essential to our national credit; otherwise commodity prices would continue to rise. It is for this reason that we have to make another loan of U.S.$1,000,000,000, which will form part of the reserve fund for our national currency. Only in this way can we tide over the present situation so far as our military and economic needs are concerned, and only in this way can we fight on until final victory is achieved.

是日下午一時半，王祕書長應吉樂仁子爵之午宴，在座者有英外相艾登（Eden），與賈德幹（Sir Alexander Cadogan）諸人。宴後，艾登、賈德幹與王祕書長三人在園中會談，要點如左：

關於西藏問題

關於西藏問題，王祕書長首先傳達委座意旨，即西藏問題為中英邦交之重大障礙。西藏本為中國領土之一部分，其與中國之關係，純屬中國內政，切盼英方根本改變其過去對西藏所持之政策，俾中、英能澈底了解，增進邦交。

艾登謂宋部長前在倫敦時，業經詳細討論此案，英方曾備書面節略，申述英國政府立場，而中國政府亦有申述中國立場之節略送來，雙方意見相去頗遠，並謂英政府對於此案視為現實問題，中國前既允許西藏完全自治，則英方之立場自以此為出發點。

王祕書長當即答稱：西藏向為中國領土，毫無疑義，英方立場妨害我國主權，實無正當理由。此案遷延甚久，亟宜解決，欲求解決，惟有英方放棄其不合理之政策，否則不免影響兩國邦交。

艾登表示，如欲尋覓解決方案，當由中、英雙方同時重行考慮其所抱持之立場。

關於借款問題

王祕書長表示中、英兩國戰時、戰後需要合作，而經濟合作亦為重要。艾登謂然，並云可先訂立新商約，以為戰後通商之基礎。王祕書長答稱，依照中、英兩國新訂取消治外法權之條約規定，商約可隨時訂定，至遲不得過戰事結束後六個月，目前中國政府方面對訂定新商約，正在研究中。艾登謂英方亦願隨時進行。王祕書長旋即提出借款問題，謂英方條件，自應與美方借款條件相同，惟英方所提方案與美方相去甚遠，故我方迄未接受。

王祕書長當即將委座交下之我方英文對案交與艾登。對案共有四點，王祕書長聲明此一對案，在我方已是折衷讓步。例如原提向英購買四千萬鎊之貨物，今則減為二千萬鎊，英方當能接受，以為中、英合作初步之具體表現。艾登則謂此一對案，在倫敦時並未見過，或可加以考慮，但其中所指購貨合同，一經訂定，戰時亦仍有效一點，英方殊難接受，英與自治領間亦無戰後繼續有效之規定也。艾登並謂整個借款問題，由英財政部主管，故無權在此間決定，須俟回英後，再與財政部洽商。

Memorandum re. Proposed Terms of British Loan. British and Chinese.

(1) Previously the British Government has agreed to the utilization of the loan in two parts or two ways:

(a) To use Pound 10,000,000 as security for issuing bonds;

(b) To use the remaining Pound 40,000,000 for purchase of British goods in pound sterling areas.

With regard to (b), however, the British Government is

not ready to guarantee the due delivery of all goods ordered by China, on the ground that she may need them herself. Moreover, it takes the position that the loan agreement is valid only for the duration of the war so that, as soon as the war is over, such orders from China will not be fulfilled.

(2) China's counter proposals are as followers:

(a) To use Pound 10,000,000 for issuing bonds;

(b) To use another Pound 10,000,000 for issuing savings certificates in pound sterling;

(c) To use a further Pound 10,000,000 for printing of banknotes in pound sterling areas and for meeting transportation expenses and other deficiencies under previous credit arrangements; and

(d) To use the remaining Pound 20,000,000 for purchasing goods in pound sterling areas.

With regard to (a) and (b), the funds may be kept in the Bank of England in London under a special account of the Central Bank of China.

The amount for purchase of goods in pound sterling areas is reduced to Pound 20,000,000 (instead of Pound 40,000,000), because it is anticipated that, owing to her own needs, Britain may not be able to fulfil large orders of goods from China. But, in this matter, China takes the position that once the goods are ordered, the contracts are good and the goods must be delivered even after the conclusion of the war.

關於意大利投降借款問題

關於意大利投降條款，王祕書長詢以除軍事條款外，關於政治、經濟及財政條款，如有決定，可否惠賜一份，以備參考。艾登答稱：英代表團如攜有意大利投降條款全文，當送交參考。是日下午，先後送來：（一）意大利投降條款全文，（二）議定書（Protocol）全文，此則將上項條款之序言與條文有所修正。（此二文件已轉送外交部存備參考。）

附二：軍事問題會商經過

11 月 23 日

上午十一時，三領袖及蔣夫人在羅斯福總統官邸開第一次正式會議，其會議經過情形如左。

第一次大會

時　間：民國三十二年十一月二十三日午前十一時

地　點：開羅米納飯店羅斯福總統官邸

出席者：中國方面　蔣委員長
蔣夫人
商主任震
林主任蔚
朱武官世明
美國方面　羅斯福總統
李海海軍大將
陸軍參謀總長馬歇爾上將
海軍總司令金氏大將
空軍總司令安諾德上將
供應部長索姆威爾將軍
中國戰區參謀長史迪威爾將軍
第十四航空隊司令陳納德將軍等
英國方面　邱吉爾首相
帝國陸軍參謀總長布魯克上將
海軍參謀總長肯寧漢元帥
空軍參謀總長波多爾元帥

東南亞盟軍總司令蒙巴頓海軍大將
英駐美軍事代表團長狄爾元帥等

主　席（羅斯福總統）：致開會詞。今日開會儀式雖簡，但本會為有歷史性之會議，因本會為四國宣言之具體化。同時余以為余亦可以代表英國盟友歡迎蔣委員長暨蔣夫人。
東南亞盟軍總司令蒙巴頓將軍已準備收復緬甸之整個計畫，現在請其說明。

蒙巴頓：報告攻緬計畫。並謂：感謝蔣委員長將中國遠征軍歸余指揮，參加收復緬甸，及打通中印公路（攻緬計畫如另件）。基於以上計畫，中國駐印軍希望歸入第四軍團之序列，由該軍團長指揮，待到達孟拱，再歸還原建制，俾指揮統一，未知蔣委員長能允許否？

委員長：此節容考慮後再定。

蒙巴頓：其次則為運輸問題。目前印度方面運輸力有限，而攻緬部隊補給準備，需要鉅大之運輸量。故十一、十二兩月供給中國之運輸量為九七〇〇噸，待至明年一、二月，則能供給中國者為七九〇〇噸。開戰三月以後，運量增加，除供給中國九二〇〇噸外，其餘則均供緬甸作戰之用。如此，如仍感不足，則惟有儘量增加運輸機之數耳。

委員長：關於中印運輸量問題，暫不在此研究可也。

邱首相：自意大利海軍投降後，吾人已能抽調一部分海軍艦隊至孟加拉灣使用。此艦隊將以錫蘭島為根據地。除其他配屬艦艇外，將以最新式喬治五世級戰鬥艦二艘、重型戰鬥巡洋艦一艘、Renown 級備有十五吋口徑砲之戰鬥艦二艘、大型航空母艦四艘、小型航空母艦約十艘。此一力量，吾人相信可以超過敵人所能派遣至孟加拉灣之任何海軍力量。在陸地方面，英軍準備十八萬人，連同盟軍部隊，共約三十二萬人，在數量上已佔敵優勢。但蒙巴頓將軍已說明吾人交通線困難，故須特別注意補給，使在數量上佔優勢者，在質量上亦佔優勢。至於空軍方面，印度皇家空軍及美國駐印、駐華空軍力量，均相當雄厚。故吾人覺此攻緬計畫有成功之把握。只須各軍事長官速訂詳細計畫，即可開始行動。惟軍事最重祕密，故本會議對於祕密一層，須特加注意。

委員長：今日承邱首相告知攻緬海上使用各種艦艇數目，甚為欣慰。余之所見，仍為黃山會議之結論：攻緬勝利之關鍵，完全在於海軍與陸軍之配合作戰，同時發動。蓋如此則吾人在海上可獲得制海權，以斷絕敵人由海上增援與補給，再加我空軍對敵後方交通不斷破壞，則我陸上之進展，始能容易而確實。否則敵軍得由海上轉運，源源增加，補給自如，我軍勝利殊無把握。此點必須特別注重。余之意見，如海軍未集中，則陸軍雖已集中，仍少勝算把握。吾人須知敵人決不輕易放棄緬甸，必經一度苦戰。蓋緬甸如失敗，則彼在華南、華中，皆將不守。所以敵對緬甸作戰，必將儘其可能使用全力。據情報，敵在緬使用兵力可達十個師團。如果後方不予截斷，則敵仍必增加，希望羅總統、邱首相特別注意。敵陸軍作戰，其生死關頭有三，一為緬甸，二為華北，三為東四省，由此可見緬戰之重要。質言之，陸軍集中，必須海軍同時集中；亦可說陸軍集中之日，由海軍集中之日而定。

邱首相：集中時期不能一定。待春夏之間，陸續可以集中。蒙巴頓將軍對登陸作戰方法，亦頗具興趣。

委員長：此乃技術問題。

邱首相：海軍集中，事關機密，不便在此宣布，當私自面告。惟敵之補給線，不僅海上，泰、緬間之陸上路線亦可通行。且此新築之線，距海面頗遠，非海軍力量所能阻止。

委員長：正因其有陸上路線，所以吾人必須控制海岸，予以妨害。

主　席：最好將盤谷佔領。

今日會議終止。希望蔣委員長多參加軍事會議，因余等均係文人也。

委員長：必要時，余可以參加。

（十二時二十分散會）

是日下午三時半，在米納飯店開中美英聯合參謀會議，其經過如左。

中美英第一次聯合參謀會議

時　　間：民國三十二年十一月二十三日下午三時半

地　　點：開羅米納飯店

出席人員：中國方面　商主任震
林主任蔚
周主任至柔
楊廳長宣誠
朱武官世明
蔡團員文治
美國方面　李海海軍大將
陸軍參謀總長馬歇爾上將
海軍總司令金氏大將
陸軍空軍總司令安諾德上將
供應部部長索姆威爾將軍
中國戰區參謀長史迪威爾中將
第十四航空隊司令陳納德少將等
英國方面　帝國陸軍參謀總長布魯克上將
海軍參謀總長肯寧漢元帥
空軍參謀總長波多爾元帥
駐美軍事代表團長狄爾元帥
東南亞盟軍總司令蒙巴頓大將等

主　　席：英帝國陸軍參謀總長布魯克上將

主　席：攻緬計畫本日上午已由蒙巴頓將軍報告。其報告之材料是否充分？中國方面對於此計畫有何意見？希提出討論。

中國首席代表商主任震：上午蒙巴頓將軍所報告之計畫，並不詳盡，且時間倉卒，中國方面無法研究。希英方將此項計畫詳細告知，俾充分研究後，再提出研究。

主　席：吾人亦係上午聽取此項計畫，如中國方面不能討論，則延宕全部會議時間。

商主任：如吾人事前知悉全部計畫或議事程序，本日當可提出意見。但吾人事前並不知悉，亦無充分時間研究，請俟中國有充分之時間研究後再行討論。今日由史迪威爾將軍先報告遠征軍之準備情形。

史將軍：報告駐印軍及遠征軍目前之準備情形。

決　議：攻緬計畫延至二十四日下午三時半再行討論。

是日下午六時，蒙巴頓之副參謀長與史迪威爾將軍及史之參謀長，攜帶攻緬計畫來第一號別墅研究。英方攻緬計畫及附圖，另有記載。茲記述蒙之副參謀長口述與此項計畫有關之事項如左：

（一）英軍在阿拉甘方面，如前進至孟道與布提當之線成功，仍向阿恰布攻擊。

（二）英國在印白人軍共有兩師。

（三）預定由空運至因陶之 50D，除原編制外，尚附有工兵部隊，以便築工固守，並恢復交通。

（四）美國之滑翔機降落部隊，附有騾馬馱載砲兵，此項騾馬正在割去其聲帶，俾不致嘶鳴，以便行軍作戰。此種以滑翔機載運部隊馬匹在敵後著陸，在新幾內亞與西西里戰役中，均甚成功。

（五）英國方面估計敵人在緬空軍兵力及英國預期使用空軍兵力：

（甲）敵人空軍兵力之估計

現在	戰鬥機一〇〇架
	轟炸機九〇架
三月初可增至	戰鬥機二〇〇架
	轟炸機一五〇架

（乙）英空軍兵力

現在	重轟炸機三二架
	中型轟炸機三二架
	俯衝轟炸機九六架
	魚雷機三二架
	戰鬥機二二五架
	雙發動機戰鬥機一〇八架
	戰鬥轟炸兩用機九六架
	偵察機八〇架
	運輸機八〇〔一二五〕架
	照相機二〇架
	共八四六架
三月初可增至	重轟炸機四八架
	輕轟炸機三二架

俯衝轟炸機九六架
魚雷機三二架
戰鬥機二八八架
雙發動機戰鬥機九八架
〔九六〕
戰鬥轟炸兩用機九六架
偵察機八〇架
運輸機一二五架
照相機二〇架
共九一三架

下午八時，研究完畢，我方編成提案草稿如下：

（一）英軍作戰兵力

一、英國對緬作戰共有白人部隊若干？

二、英國在印白人軍隊是否參加攻緬作戰？

三、有無裝甲部隊參加，其他特種部隊若干？

四、攻緬各軍作戰經驗如何？

五、阿恰布方面有無登陸作戰之計畫？

六、吉大港及考米拉（Commilla）方面有無預備隊？

（二）關於英軍作戰行動

一、英軍進至清德溫河西岸後，是否繼續前進，其目的地為何？

二、英軍佔領卡薩後，作何準備？

三、葡萄之英軍，作何用途？

四、八莫、臘戍方面英軍，有無突擊隊？

（三）中國對於攻緬作戰計畫之意見

一、中國方面鄭重聲明：攻緬作戰，海上行動須與陸上同時。英方在海上之準備計畫如何？英海軍集中日期務須確定。

二、中國對於原定運輸量，每月一萬噸，必須維持。

三、攻緬作戰第一期，至少以曼德勒為目標。第二期應以仰光為目標。佔領仰光，打通中印之通路。

11月24日

上午八時，委座對於昨晚所擬提案草稿，大體同意。正午十二時半，委座與馬歇爾、史迪威兩將軍共進午餐。委座發表攻緬計畫意見要旨如左：

一、攻緬作戰方針，應以吉大港，沿清德溫河、新平洋、保山為發起線，而以阿恰布為翼軸，向右旋迴，斷敵歸路，包圍於緬境而殲滅之。

二、基於右述方針，其作戰計畫第一期之會攻，應以曼德勒、臘戍為目標，至少應以孟瓦、臘戍為目標。不應只以沿清德溫河西岸因陶、臘戍為目標，而使全線兵力在分散狀態下，停止進攻。

至於運輸問題，因孟瓦通清德溫河有水道可以利用為後方補給線，應無困難。

是日下午三時半，在米納飯店續開中英美聯合參謀會議，其經過如左：

中英美第二次聯合參謀會議

時　　間：民國三十二年十一月二十四日下午三時半

地　　點：開羅米納飯店

出席人員：中國方面　商主任震
林主任蔚
周主任至柔
楊廳長宣誠
朱武官世明
蔡團員文治
美國方面　陸軍參謀總長馬歇爾上將
海軍總司令金氏大將
陸軍空軍總司令安諾德上將
供應部部長索姆威爾將軍
中國戰區參謀長史迪威爾將軍
第十四航空隊司令陳納德少將等
英國方面　帝國陸軍參謀總長布魯克上將
海軍參謀總長肯寧漢元帥
空軍參謀總長波多爾元帥
東南亞盟軍總司令蒙巴頓將軍等

主　　席：英帝國陸軍參謀總長布魯克上將

主　席：請中國參謀團提出意見，開始討論英國所擬之攻擊緬甸計畫。

中國首席代表商主任震：中國方面研究英方攻緬計畫後，對於下列各項，須提出研究者：

（一）英軍攻緬作戰使用兵力之研究

一、英國對緬作戰，共有白人部隊若干？

二、英國在印白人軍隊，是否全部參加攻緬？

三、有無裝甲部隊參加，其他特種部隊若干？

四、攻緬各軍作戰經驗如何？

五、阿恰布方面，有無登陸作戰計畫？

六、吉大港及考米納方面，有無預備隊？

蒙巴頓將軍答覆：攻緬部隊中均有白人，有裝甲部隊一旅參加作戰，砲兵均配屬於各部隊，無獨立砲兵。攻緬各軍中，81D 曾參加北非作戰。阿恰布方面準備登陸。吉大港北方，至二月有 26D 及 81D 之一旅為預備隊。

商主任震提出：

（二）關於英軍作戰行動者：

一、英軍進至清德溫河西岸後，是否繼續前進，其目的為何？

二、佔領卡薩後，作何準備？

三、葡萄之英軍作何用途？

四、八莫、臘戍方面英軍有無突擊隊？

蒙巴頓將軍答覆：英軍進至清德溫河後，儘可能繼續前進。佔領卡薩後，當以小部推進。在葡萄之英軍第四團，準備協同 N1A 作戰，向密支那攻擊，擬於二月十五日發動。八莫、臘戍方面有美軍突擊隊，於三月初以滑翔機降落，三月中甸臘戍、苗謀間活動。

商主任震提出：

（三）中國對於攻緬作戰計畫案之意見：

一、海上須與陸上同時行動，英方之海上行動計畫如何？

二、中國運輸量每月一萬噸，必須維持。

三、攻緬計畫第一期應以曼德勒為目標，第二期應以仰光為目標。

蒙巴頓將軍答覆：中國運輸量，因補給作戰軍關係，難維持每月一萬噸，此案已在黃山會議討論。攻緬計畫，英方另有攻擊曼德勒之計畫，惟使用兵力較多，恐更減少中國方面之運輸量。（蒙巴頓將軍答覆此問題時，並將攻擊曼德勒計畫圖提出。此計畫於二十七日送交我方，其中假定攻擊曼德勒英方所需之空運飛機數目及噸位，並非確定之計畫。）

肯寧漢元帥答覆：關於海上行動，已有計畫。當由邱吉爾首相面告蔣委員長。

馬歇爾總長：今日為討論如何打開緬甸，打通中國公路，不必討論運輸噸位問題。況此項運輸物資均係美國物資，不應斤斤討論。如滇緬路打開，則一切解決。應集中力量打開滇緬路，乃為第一要義。

史迪威爾將軍：奉蔣委員長命，表示堅持我方上列三項意見。

陳納德將軍：說明美航空隊第十四隊之計畫，並答安諾德問，謂此計畫並非建議，係表示需要。

下午六時，蒙巴頓將軍來見委座及夫人。彼比較實行其第一作戰計畫與第二作戰計畫之利弊甚詳。其第一計畫擬集中其在印度之陸軍力量向曼德勒進攻，待中國軍隊克復臘戍之後，會師於此。欲實行此計畫，應有運輸機六百九十架，勢不得不影響中國方面運輸之數量。其第二計畫名陶利杜（Toreador）計畫，係由英方派遣傘兵二萬人至因陶與卡薩，再由英軍進佔清德溫江流域，中國軍進克臘戍與八莫。此項計畫不致影響中國運輸之噸位。委座堅持應採用第一計畫，同時維持每月運華一萬噸之運輸量。蒙巴頓將軍請求委座商諸羅斯福總統與邱吉爾首相增派飛機，俾彼得實行其第一計畫，彼個人為英美聯合參謀團之部下，聯合參謀團既已規定其攻緬作戰應得之物資，實未便再向請增。委座允向羅斯福總統磋商。

11 月 25 日

上午九時，商主任、林主任向委座陳明對軍事提案結束意見：

（一）海上與陸上同時行動，最為重要。

（二）攻擊目標乃我方之意見，其最後決定仍屬於東南亞戰區之本身。

（三）空運噸位，我與美方單獨商洽為宜。

上午九時半，委座指示史迪威爾將軍，於見馬歇爾將軍時，須語馬將軍堅持海陸軍同時開始攻擊之決定。

下午二時，朱武官奉命訪美海軍總司令金氏。談話要旨如下：

（一）此次會議，因東地中海方面之挫敗，影響其他戰場預定計畫。

（二）太平洋戰略，當以早日收復呂宋，打通呂宋、台灣間海路，直達中國為目標。

（三）對於三三三計畫，彼極力贊助其成功。

（四）對於一萬噸空運噸位，彼勸我方相當讓步。

11 月 26 日

上午九時，委座告史迪威爾將軍：如陸海軍同時開始攻擊之議案，聯合參謀會議尚未商決，則請史將軍暫留候其結果，因羅斯福總統對此議案頗為贊同，擬囑英美參謀會議繼續商討故也。

關於中印空運噸位問題

11 月 22 日

下午七時餘，商主任震訪美國供應部長索姆威爾中將。據談此次會議關於空運噸位事，英方或將要求中國方面再予減少，但中國絕不可讓步，因前在重慶時，彼擔保可以辦到蔣委員長所希望之數目，彼確有把握可以辦到也。

11 月 26 日

上午十一時三十分，委座召集安諾德將軍、索姆威爾將軍及史屈梅爾將軍（Stratemeyer）、費拉將軍、史迪威爾將軍、陳納德將軍，商談空運噸位問題。商主任、林主任、朱武官均列席。散會後，安諾德、史迪威爾、索姆威爾送達我方之會議記錄如左：

會議開始前，委員長主張無論東南亞司令部作戰上所必需之供應，要求多少裝備，每月一萬噸之噸位必須維持。嗣經向委員長解釋：（一）所有 C-46 飛機均已劃歸此用，（二）其使用之效率亟謀其有所增進，（三）現正設法為蒙巴頓勛爵獲得 C-47 飛機，如有此項飛機作用，則在適當之期間，對華運輸噸位，不但可以達到並且可以超過一萬噸之目標數字，（四）蒙巴頓勛爵提議之以後七個月每月八萬九千噸〔八千九百噸〕之數字，與委員長所提之數字，差額不過一千一百噸。又經解釋：在此種情形之下，即令蒙巴頓勛爵所請求者有所差異，對華之供給仍或可達到一萬噸。

委員長謂：中國之要求，與東南亞戰場之要求，應行分開，而視為兩事。嗣經解釋：由於作戰之本質，及兩方作戰均係為驅逐日軍，並謀空中運道之安全，分別辦理實不可能。並經申明有關各方均極關心空運噸位之增加，雖只能應允八千九百噸，然一切努力均當做到不但達到一萬噸，並且超過一萬噸之數。

委員長在會議結束時表示希望彼之需要與蒙巴頓勛爵之需要可以分開，但彼在諒解空運司令部將極力設法增加噸數之條件下，可以接受蒙將軍提出之數字。

11 月 27 日

下午七時，商主任訪史將軍，託其向安諾德將軍、索姆威爾將軍等說明委座對空運噸位會議記錄修正之點。修正者為記錄之最末一段，已由商主任函達索姆威爾將軍矣。修正文如左：

委員長在會議結束時，堅決表示彼之需要與蒙巴頓勛爵之需要必須分開。彼僅能接受羅斯福總統所允許之數字，即每月不少於一萬噸。委員長感謝空運司令部過去對於增加噸數之努力，同時希望其繼續努力，使有關各方均獲得充分之噸數。

情報檢討會議

11 月 24 日

上午十時，楊廳長宣誠出席情報檢討會議。由英國陸軍參謀本部第二廳副廳長克卡門准將（Brigadier Kirkman）主席，計到英國主管情報之陸海空軍軍官各一員，美國主管情報之陸海空軍軍官各一員，東南亞聯軍總司令部主管情報之柯布准將（Brigadier Cobb）亦來參加。首由主席出示英方對泰、越、緬方面敵軍兵力之記錄，請中、美兩方亦各報告其記錄，互相檢討。結果咸認對於敵陸軍兵力之估計及研究，以我方為最詳細正確。凡楊廳長所說明者，英、美兩方各命其速記記錄。對於敵海軍兵力之估計，中、英、美三方均一致，無所討論。對於敵方空軍兵力之估計，則三方數字均不同。英方估計敵飛機（包括海陸軍機）不過三千二百架，出產量每月不到一千架。美方估計敵飛機四千五百架，出產量每月一千至一千五百架。我方估計敵飛機七千架，出產量每月一千五百架至三千架。討論至一小時之久，英方李中校（Wing Commander Lee）與楊廳長辯論尤烈。由編制隊號以至敵飛機出產量，逐一討論。楊廳長乃將敵空軍編制及航空基地，詳細講解，證明我方所估計數字比較正確。美方認為理由充分，英方遂亦無詞。最後，楊廳長警告英方對於越、泰、緬方面今後敵空軍兵力估計之錯誤，並說明敵在該方面將來使用之最高限度可能達一千五百架，英、美雙方均甚注意，並請借用我方圖表拍照，均應允之。主席並請此後隨時以新情報告知彼國在渝空軍武官。十二時散會。

軍事委員會辦公廳主任商震隨節參加開羅會議日記

11月21日

早八時餘到開羅，住廿一號，即以電話與史迪威將軍約定會晤時間。

午後一時，史將軍來談，云羅、邱均尚未到，美高級將領馬歇爾 Marshall 等亦須於本晚或明早到達，我中國戰區提案等事，伊均備妥等語。

五時餘，同林主任往訪史將軍，詢伊美、英兩方已到之人員駐地，並商開全會時，我方應參加之人員，及提案準備等問題。

七時在委座行轅開會，奉諭規定每日在行轅辦公時間，及負擔職務辦法。

11月22日

早八時到委座行轅辦公，奉諭訪問美、英兩方各高級將領，交換意見，當偕朱武官於早十時訪問蒙巴頓將軍，談話要點如下：

（一）予謂對緬作戰，海軍關係之重要，想閣下早有成竹，希望此次會議時，再加以切實規定。蒙云：此點在重慶時，已承蔣委員長指示，余為海軍出身者，更著重於此，自當努力為之，但人微年青，恐政府不甚重視，仍請蔣委員長在開會時特別主持，則較余更為有力。

（二）繼詢伊此次提案辦法，據云：提案今晚即截止，如有提案，最好交余代為送提。當詢伊何不告知中國方面派員參加提案委員會，伊未能作明確回答。

（三）詢伊會議時各方應參加人員，據云：中國方面蔣委員長、蔣夫人及所帶高級將領均可參加，並可帶通譯人員。

十一時訪英駐近東總司令威爾遜 Wilson 中將，無重要談話，伊只對委座表示極端欽敬，並歡迎委座及隨員等參觀其軍事設施及駐軍等，並商定晉見委座時間。

午後五時半訪藍卜森 Lord Killearn 勛爵，答謝伊昨日之訪問委座，並告伊明日委座派王祕書長來談中英間問題，伊表示歡迎。

六時到馬歇爾將軍茶會，談話要點如下：

（一）派美軍到中國戰區本無問題，不過近來運輸艦在地中海及大西洋、太平洋均有損失，加以蘇聯方面需要接濟軍火甚急，而土耳其行將參戰，亦要運輸船隻，麥克阿瑟將軍到澳指揮作戰以來，屢請美國派兵，但迄今為止，亦不過只送去純粹美軍數師，此外多係澳軍或混合部隊。

（二）對中國之飛機，自當源源接濟，不成問題，惟希望中國對於機場等設備，迅速加強或擴充。

（三）此次以蒙巴頓為東南亞總司令，協同反攻緬甸，認為係最適宜之人選，希望中國切實與蒙合作。

七時餘訪薩慕威爾 Somervell 中將，據談：此次會議，關於兵運噸位事，英方或許要求中國再減少，但絕不可讓步，因前在重慶開會時，我擔保可辦到蔣委員長所希望之數目，我確有把握可以辦到也。

晚十二時同林主任往返史將軍，詢伊今晚在羅總統處開會結果，據史云：

（一）已決定明早十時開全體會議 Plenary session。

（二）我方參加全會人員，為委員長及夫人，此外高級將領二、三人。

（三）在全會僅討論大綱，至詳細部分，於明日午後開聯合參謀會議時商討。

早一時回寓，將與史將軍談話結果，以書面報告委座。

11 月 23 日

早八時到委座行轅辦公。

十時隨侍委座及夫人至羅斯福總統行轅（美駐埃及大使館）參加全會。由羅斯福總統致開會詞，邱吉爾首相僅致簡單數語，並推蒙巴頓勛爵報告東南亞戰區作戰計畫，繼由委座提出對緬作戰之重要意見，特別著重於海軍與陸軍同時動作，方有勝算可操，最後羅斯福總統表示渠與邱吉爾首相，均於軍事為門外漢，此次會議，應請蔣委員長多加主持，乃散會。（開會紀錄由朱武官另記）

午後三時奉委座諭「本日午後聯合參謀會議時，不必將原定提案提出，俟本晚與羅斯福總統商談後，明日再定。」當以電話告知史迪威將軍遵辦。

三時卅分偕同林主任、周主任、楊廳長、朱武官、蔡參謀、史迪威將軍、陳納德將軍到米納旅館，參加聯合參謀會議。由英國參謀總長布魯克將軍（Gen. Sir Allan Brooke）主席，當詢我方對於蒙巴頓將軍午前報告之計畫，有何意見，並有無提案。當以對蒙巴頓作戰計畫，未經請示委座意見，提案已奉諭不必提出。遂請史迪威將軍將我軍作戰準備，及駐印、駐滇部隊訓練情形，作一詳細報告。

四時餘散會，赴官邸面報委座。

六時馬歇爾將軍來謁委座，陪侍談話。一小時後，馬辭出。委座赴羅斯福總統宴。是晚與史將軍及蒙巴頓將軍之副參謀長威得麥爾 Wedemeyer 少將，詳細研討東南亞戰區之作戰計畫，並與林主任、周主任等，擬定明日午後向聯合參謀會議提出之質問及意見。

11月24日

早八時到委座行轅辦公，並報告今日午後擬在聯合參謀會議提出之質問及意見，奉諭「可照辦，惟史將軍所擬提案，多半關係中、美兩國，決定不向此次會議提出。」當轉知史將軍。

十時同林主任到米納旅館辦公。

十二時陪侍委座及夫人與馬歇爾將軍作第二次談話，並午飯。

三時卅分偕同林主任、周主任、楊廳長、朱武官、蔡參謀、史迪威將軍、陳納德將軍出席聯合參謀會議。提出質問及意見，對於質問事項，由蒙巴頓將軍及其參謀人員，逐項答覆，關於意見三項：

（一）由英國海軍總司令克寧漢 Cunningham 海軍上將答覆云：決派具有相當力量之大西洋艦隊一部開至孟加拉灣，擔任與陸軍協同作戰，其詳細數目及艦名噸數等，均由邱吉爾首相與委座面談。

（二）由蒙巴頓答覆云：極願照此目標作去，惟恐遭受敵人之重大反擊，不得不慎重將事，屆時自當仍向此目標努力以赴也。

（三）由蒙巴頓將軍答覆，稍有辯論。馬歇爾將軍遂謂飛機與駕駛員，均屬於美國，中、英似均不必計較，美國自當努力維持其噸位，以早達到我勝利目的。

繼由陳納德將軍提出噸位用途，及建設中國空軍事項，與安諾德將軍 Gen. Henry H. Arnold 經數次問答後，四時餘散會，當赴行轅向委座報告開會情形。

11 月 25 日

早八時到委座行轅辦公。

九時餘到米納旅館與史將軍談話。

十一時陪侍委座及夫人到羅斯福總統行轅攝影，與美海軍總司令金氏 King 暢談，金氏表示擬明晨謁見委座等語。午飯後，到行轅報告委座，當奉諭「（一）邀金氏明午來官邸午飯。（二）邀安諾德將軍、薩慕威爾將軍、司揣得麥爾 Stratemeyer、惠勒 Wheeler 將軍、史迪威將軍、陳納德將軍，來官邸會商噸位事。」當經分別轉知。

午後三時，史迪威將軍介紹隨羅斯福總統同來之戰略情報處處長唐文 Brig. Gen. William J. Donovan 少將，來商談赴渝與戴副局長笠，及美軍總部合辦情報事，當同林主任、楊廳長與伊晤商。

11 月 26 日

早八時到委座行轅辦公。

九時餘陪侍委座見史迪威將軍。委座令史將軍在開羅稍住數日，候羅斯福總統由鐵黑蘭返開羅謁見後，再回渝。

十時安諾德將軍、薩慕威爾將軍、司揣得麥爾將軍、惠勒將軍、史迪威將軍、陳納德將軍，同來開會。

十二時陪侍委座及夫人見海軍總司令金氏，並午飯。

四時參加委座及夫人茶會，招待英、美軍政高級人員及眷屬。

11 月 27 日

早八時到委座行轅辦公。

九時同林主任到米納旅館晤史將軍，催伊設法迅速取得關於軍事之決議案，以便呈閱。

十時委座召集同人訓話，並奉諭「（一）今晚十時後出發，（二）代表委座赴埃及王宮慰問。」

午後二時，偕我駐埃及代辦湯武，同到埃及王宮，代委座及夫人慰問埃王及王后，當由其師傅兼大禮官接見，談話均由該大禮官親筆記錄，別後伊即乘火車到埃王所住之醫院報告。

七時訪史將軍，詢其是否已取得軍事決議案，據云尚未取得。當即囑託史將軍兩事：（一）務設法取得軍事決議案帶渝呈委座，（二）昨晨會商空運噸位之會議錄，經委座修改之點，請伊再向安諾德將軍、薩慕威爾將軍等，加以說明。

八時委座召見，當同林主任到委座官邸報告與史將軍會談情形。

十二時餘偕林主任、周主任、楊廳長、朱武官、蔡參謀等乘機飛離開羅。

侍從室第一處主任林蔚開羅會議日記

11月21日

（一）本日上午七時零五分（開羅時間）飛抵開羅，當由英方招待，乘車至開會地點之米納（Mena）。委座及夫人、王祕書長寵惠、俞侍衛長濟時、黃總幹事仁霖、陳武官平階、俞祕書國華等，隨侍委座住第一號官舍。商主任震、林主任蔚、周主任至柔、楊廳長宣誠、朱武官世明、蔡團員文治、陳組長希曾等，住第廿一號官舍。董副部長顯光、郭參事斌佳住第廿七號官舍。

（二）擬定我國到會人員名單送交英方。

王祕書長寵惠　商主任震　林主任蔚

周主任至柔　楊廳長宣誠　朱武官世明

蔡團員文治　郭參事斌佳　俞侍衛長濟時

（三）下午二時史將軍來訪，談及在渝預擬提案，尚未向各方談及，並云，開會重要人員，未到或剛到。

（四）下午八時同商主任回訪史將軍。

（五）午後九時，委座命規定各員任務，並每日集合辦公。

政　治 － 王寵惠　郭斌佳

軍　事 － 商　震　林　蔚　周至柔

楊宣誠　朱世明　蔡文治

新　　聞　－　董顯光
國際要聞　－　郭斌佳
交　　際　－　朱世明　陳平階
文　　書　－　俞國華
警　　衛　－　俞濟時　陳平階
庶　　務　－　黃仁霖　陳希曾

11月22日

（一）上午八時至委座行轅辦公，將昨晚所定任務分配與時間表，呈閱核定。

（二）為參加議案討論委員會事，研討實現辦法，經轉史迪威將軍轉達英美參謀部聯合會議。據云，並未組織議案討論委員會。

（三）開會議程，及夜尚未接到。史將軍預約九時晉謁委座，亦未見到。因與商主任於夜十一時再赴史將軍處詢問。據云，九時未到原因，乃傳信誤會之故。至於開會議程，今晚方才決定，明日開始，其通知書今夜繕發，明晨想可收到。至於在渝預擬提案，經向有關各方說明，似均諒解云。

本人最注意者，為在渝原擬提案是否可於會場提出問題。因有左之見解，頗覺不可冒昧：

（1）馬歇爾將軍等是否完全同意，亦殊難必。

（2）英方心理，必不見贊同。

（3）在會場提出此種意見，稍有障礙，便不能解決，而徒然事前暴露企圖。故始終追問史將軍會外情形，但彼之答覆，總絕非有絕對把握。

11月23日

（一）上午八時晉謁委座，表示原擬提案史將軍雖主張正式提出，但總覺不妥。隨後史將軍亦到，委座詢彼意見，彼仍主提出。委座以案中文字略有修正，決定今日開會暫緩提出。

（二）上午十一時，委座及夫人、邱首相，均在羅總統行轅開第一次正式會議。我方參加隨員商主任震、朱武官世明，及本人。英、美方面重要隨員，共約有三十人，其會議經過情形如左：

第一次大會

時　　間：民國卅二年十一月廿三日午前十一時

地　　點：開羅米納羅斯福總統行轅

出席人員：中國方面　蔣主席
蔣夫人
商主任震
林主任蔚
朱武官世明

美國方面　羅斯福總統
李海海軍大將
陸軍參謀總長馬歇爾上將
海軍總司令金氏大將
陸軍空軍總司令安諾德上將
供應部薩莫威爾將軍
中國戰區參謀長史迪威中將
第十四航空隊司令陳納德少將等

英國方面　邱吉爾首相
　　　　　帝國陸軍參謀總長布魯克上將
　　　　　海軍參謀總長肯寧漢元帥
　　　　　空軍參謀總長波多爾元帥
　　　　　東南亞盟軍總司令蒙巴頓海軍大將
　　　　　英駐美軍事代表團長狄爾元帥等

主　席（羅斯福總統）：致開會詞，今日開會儀式雖簡，但本會為有歷史性的會議，因為這是四國宣言的具體化。同時我想，我也可以代表英國的盟友來歡迎蔣委員長、蔣夫人。

我們東南亞盟軍總司令蒙巴頓將軍，已經準備了收復緬甸的整個計畫。現在請他給我們說明。

蒙巴頓：報告攻緬計畫。我很感謝蔣委員長將中國遠征軍給我指揮，參加收復緬甸，並打通中印通路。（攻緬計畫如另紙）

基於以上計畫，中國駐印軍希望歸入第四軍團序列，歸該軍團長指揮。待到達孟拱，再歸還原建制，使指揮統一。未知蔣委員長能允許否。

委　座：此節容考慮後再定。

蒙巴頓：其次，則為運輸問題。目前印度方面運輸力有限，而攻緬部隊補給準備，需要鉅大之運輸量。故十一、十二兩月供給中國運輸量為 9700 噸，待至明年一、二月，則能供給中國需要者為 7900 噸。開戰三月以後運量增加，除供給中國 9200 噸外，其餘則均供緬甸作戰之用。如此，如仍感不足，則惟有儘量增加運輸機之數耳。

委　座：關於中印運輸量問題，暫不在此研究可也。

邱首相：自從意大利海軍投降後，我們已可抽調一部分海軍艦隊至孟加拉灣使用。這個艦隊，將以錫蘭島為根據地。除其他配屬艦艇外，將以最新式 King George V（喬治五世級）級戰鬥艦二艘、重型戰鬥巡洋艦一艘、Renown 級備有十五吋口徑砲之戰鬥艦二艘、大型航空母艦四艘、小型航空母艦約十艘，這個力量，我相信可以超越敵人所能派遣至孟加拉灣之任何海軍力量。在陸地方面，英軍準備十八萬人，連同盟軍部隊，共約卅二萬人，在數量已佔敵優勢。但蒙巴頓將軍說過，我們交通線困難，故須特別注意補給，使在數量上優勢者，在質量上亦佔優勢。至於空軍方面，印度的皇家空軍及美國駐印、駐華空軍力量，均相當雄厚。所以我覺得這個攻緬計畫，很有成功把握。只要各軍事長官趕快擬定詳細計畫，就可以開始行動。惟軍事最重祕密，故本會議對於祕密一層，須特別注意為要。

委　座：今日承邱首相告知攻緬海上使用各種艦艇數目，甚為欣慰。余之所見，仍為黃山會議之結論。攻緬勝利之關鍵，完全在於海軍與陸軍之配合作戰，同時發動。蓋如此，則吾人在海上可得到制海權，斷絕敵人由海上增援與補給。再加我空軍對敵後交通不斷破壞，則我陸上之進展，方能容易而確實。否則，敵軍得由海上轉運，源源增加，補給自如。我軍之勝利，殊無把握也。此點必須特別注重。余之意見，如海軍未集中，則陸軍雖已集中，仍少勝算把握。吾人要知敵人決不輕易放棄緬甸，必經一度苦戰。蓋緬甸如失敗，則彼在華南、華中，皆將不守。所以敵對緬甸作戰，必將儘其可能使用全力。據情報，敵在緬甸使用兵力可達十個師團。如果後方不予截斷，則敵仍必增加。希望羅總統、邱首相特別注意。敵陸軍作戰，其生死關頭有三：（1）為緬甸，（2）為華北，（3）為東四省，足見緬戰之重要。質言之，陸軍集中，必須海軍同時集中，亦可說陸軍集中之日，由海軍集中之日而定。

邱首相：集中時期，不能一定，待春、夏之間，陸續可集中。蒙巴頓將軍對登陸作戰方法，亦頗有興趣。

委　座：此乃技術問題。

邱首相：海軍集中，事關機密，不便在此宣布，當私自面告。

惟敵之補給線，不僅海上，泰、緬間之陸上路線，亦可通行。且此新築之線，距海面頗遠，非海軍力量所能阻止。

委　座：正因其有陸上路線，所以吾人要控制海岸，予以妨害。

羅總統：最好將盤谷佔領。

今日會議終止。希望蔣委員長多參加軍事會議，因余等均係文人故也。

委　座：必要時，余可以參加。

（十二時二十分散會）

（三）下午三時半於米納飯店開中美英聯合參謀會議，由英帝國參謀總長布魯克主席。

中英美第一次聯合參謀會議

時　　間：民國卅二年十一月廿三日下午三時半

地　　點：開羅米納旅館

出席人員：中國方面　商主任震

林主任蔚

周主任至柔

楊廳長宣誠

朱武官世明

蔡團員文治

美國方面　李海海軍大將

陸軍參謀總長馬歇爾上將

海軍總司令金氏大將

陸軍空軍總司令安諾德上將

供應部部長薩莫威爾將軍

中國戰區參謀長史迪威中將
第十四航空隊司令陳納德少將等
英國方面 帝國陸軍參謀總長布魯克上將
海軍參謀總長肯寧漢元帥
空軍參謀總長波多爾元帥
駐美軍事代表團長狄爾元帥
東南亞盟軍總司令蒙巴頓大將等
主　　席：英帝國陸軍參謀總長布魯克上將

主　席：布魯克上將請中國參謀人員，對於本日上午蒙巴頓將軍在大會中報告之攻緬計畫，提出意見，以便討論。

中國首席代表商主任震：以為上午蒙巴頓所報告之計畫，並不詳盡，且時間倉卒，無法研究。請待中國方面將計畫研究後，再行討論。

主　席：布魯克仍繼續催促發表意見，蓋彼欲以開會技術，使中國方面無暇研究，迅速將原計畫通過。

商主任：謂英國原係自擬計畫，當已研究透澈。中國方面，始於午前聽取計畫，且不詳細，當無暇研究。應請俟中國有充分之時間研究後，再行討論。今日由史將軍迪威先報告遠征軍之準備情形。

史迪威將軍報告駐印軍及遠征軍目前之準備情形。

決　議：延至明（廿四）日午後三時半再行討論。

關於上項情形，午後五時赴委座行轅報告，並覺布魯克態度不雅。六時史將軍偕蒙巴頓之副參謀長同來，共同研究本日上午蒙巴頓所報告之攻緬計畫與明（廿四）日提案問題。下午八時研究完畢，編成提案草稿。原文如下：

一、英軍作戰兵力

1. 英國對緬作戰共有白人攻緬部隊若干？
2. 英國在印白人軍隊，是否參加攻緬作戰？
3. 有無裝甲部隊參加？其他特種部隊若干？
4. 攻緬各軍作戰經驗如何？
5. 阿恰布方面有無登陸作戰之計畫？
6. 吉大港及考米拉 Commilla 方面，有無預備隊？

二、關於英軍作戰行動

1. 英軍進至清德溫河西岸後，是否繼續前進？其目的地為何？
2. 佔領卡薩後，作何準備？
3. 葡萄之英軍，作何用途？
4. 八莫、臘戍方面英軍有無突擊隊？

三、中國對於攻緬作戰計畫之意見

1. 中國方面鄭重聲明，攻緬作戰，海上行動，須與陸上同時。英方在海上行動之準備計畫如何？英海軍集中日期，務須確定。
2. 中國對於原定運輸量，每月一萬噸，必須維持。
3. 攻緬作戰第一期至少應以曼德勒為目標，第二期應以仰光為目標，佔領仰光，打通中印之交通。

11月24日

（一）上午八時偕商主任攜昨晚所擬之提案材料與攻緬計畫圖，報告委座，大體蒙核准同意。

（二）對於史將軍在渝所擬提案，決定不在會場提出。

（三）上午十時半至米納飯店辦公，將提案內容交朱武官先作翻譯英文之準備，同時由楊廳長將我方所得敵情與敵兵力全般配備判斷，與英、美各方交換意見。蓋因英、美方面，對於敵情判斷，均未提及故也。

（四）十二時半在委座官邸陪馬歇爾、史迪威將軍午餐。同時委座發表攻緬計畫意見要旨如左：

1. 攻緬作戰方針，應以吉大港，沿清德溫河、新平洋、保山為發起線。而以阿恰布為翼軸，向右旋迴，斷敵歸路，包圍於緬境而殲滅之。
2. 基於右述方針，其作戰計畫第一期之會攻，應以曼德勒、臘戍為目標，至少應以孟瓦、臘戍為目標。不應只以沿清德溫河西岸因陶、臘戍為目標，而使全線兵力在分散狀態下停止進攻。

至於運輸問題，因孟瓦通清德溫河有水道可以利用為後方補給線，應無困難。

（五）下午三時半，在米納旅館續開中英美聯合參謀會議，主席仍為英參謀總長布魯克，我方由商主任照預擬提案提出，朱武官翻譯，英方由蒙巴頓將軍答覆。開會情形如下：

中美英第二次參謀會議

時　　間：民國卅二年十一月廿四日午後三時半

地　　點：開羅米納旅館

出席人員：中國方面　商主任震
林主任蔚
周主任至柔
楊廳長宣誠
朱武官世明
蔡團員文治
美國方面　陸軍參謀總長馬歇爾
海軍總司令金氏大將
陸軍空軍總司令安諾德上將
供應部部長薩莫威爾將軍
中國戰區參謀長史迪威將軍
第十四航空隊司令陳納德少將等
英國方面　帝國陸軍參謀總長布魯克上將
海軍參謀總長肯寧漢元帥
空軍參謀總長波多爾元帥
東南亞盟軍總司令蒙巴頓大將等

主　　席：英帝國陸軍參謀總長布魯克

主　席：主席宣佈討論攻緬計畫。

中國首席代表商震：中國研究英方攻緬計畫後，對於下列各項，須提出研究者。

一、英軍攻緬作戰使用兵力

1. 英國對緬作戰，共有白人部

隊若干？

2. 英國在印白人軍隊，是否參加攻緬？
3. 有無裝甲部隊參加？其他特種部隊若干？
4. 攻緬各軍作戰經驗如何？
5. 阿恰布方面有無登陸作戰計畫？
6. 吉大港及考米納方面，有無預備隊？

蒙巴頓將軍答覆：攻緬各部隊中，均有白人。有裝甲部隊一旅參加作戰，砲兵均配屬於各部隊，無獨立砲兵。攻緬各軍中，81D 曾參加北非作戰。阿恰布方面準備登陸。吉大港北方，至二月有 26D 及 81D 之一旅為預備隊。

商主任：二、英軍作戰行動

1. 英軍進至清德溫河西岸後，是否繼續前進？其目的為何？
2. 佔領卡薩後，作何準備？
3. 葡萄之英軍，作何用途？
4. 八莫、臘戍方面英軍有無突擊隊？

蒙巴頓：英軍進至清德溫河西岸後，儘可能繼續前進。佔領卡薩後，當以小部推進。在葡萄之英軍第四團，準備協同 N1A 作戰，向密支那攻擊。八莫、臘戍間，有美軍突擊隊三千人。

商主任：三、中國對於攻緬作戰計畫案之意見
1. 海上須與陸上同時行動。
2. 中國對於運輸量每月一萬噸，必須維持。
3. 攻緬計畫第一期，應以曼德勒為目標。第二期，應以仰光為目標。

蒙巴頓：運輸量因補給作戰軍關係，難維持一萬噸，此業已在黃山會議討論。攻緬計畫，英方已另有攻擊曼德勒之計畫。惟使用兵力較多，恐更減少中國方面之運輸量。

海軍參謀總長肯寧漢答覆：關於海上行動，已有計畫，由邱吉爾首相面告委座。

美參謀總長馬歇爾：今日為討論如何打開緬甸，打通中國公路，不必討論運輸噸位問題。況此項物資，均係美國物資，不應斤斤討論。如滇緬路打開，一切解決。應集中力量打開滇緬路，乃為第一要義云。

史迪威：謂奉委座命，表示堅持我方上列三項意見。

陳納德：說明美空軍十四隊之計畫，並答安諾德問，此計畫非建議，係表示需要。

（六）散會後赴官邸由商主任報告開會經過。

（七）晚九時，見到美方所提大會宣言之草案，覺在政治原則上，殊無遺憾。

11月25日

（一）上午九時偕商主任晉謁委座，陳明對軍事提案結束意見。

（1）海上與陸上同時發動，最為重要。

（2）攻擊目標問題，乃為我方之意見。其最後決定，仍屬於東南戰區之本身。

（3）空運噸位，我與美方單獨商洽為宜。

（二）上午九時半史將軍晉見委座，商主任與本人均陪坐。委座告以見馬歇爾將軍時，須語馬將軍，堅持陸海軍同時開始攻擊之決定。

（三）十一時四十五分隨委座及夫人至羅斯福總統行轅攝影。王祕書長、商主任，與本人均隨行。邱首相已到。英、美方高級人員參加拍照者頗多。

（四）下午至米納旅館探聽對昨日我方提案之決議情形，知英美聯合參謀會議，尚待繼續研究。

11月26日

（一）上午九時史將軍晉謁委座，商主任、周主任本人均陪坐。委座告史，如陸海軍同時開始攻擊之議案，聯合參謀會議尚未商決，則請史將軍暫留，候其結果。因羅總統對此議案，頗為贊同，擬囑英美參謀會議繼續商討故也。

史將軍要求商主任同留，委座允可。

（二）十一時卅分委座召集安諾德、薩莫威爾、史迪威、惠勒，及美第十、第十四航空隊司令開會，研究空運噸位問題。商主任、周主任、朱武官及本人均列席。基於研究結果，委座最後之表示。

（1）蒙巴頓戰區與中國戰區需要噸位，各別分開，不得以蒙巴頓戰區之需要，而影響於中國戰區之噸位。

（2）中國只能接受羅總統所給予之每月一萬噸之噸位。

（3）希望美方主持運輸機關，繼續努力，增加總噸位，以適應蒙巴頓戰區與中國戰區之必需。

（三）下午一時委座及夫人宴美海軍總司令金氏，商主任、周主任、楊廳長、朱武官及本人均陪席。同時委座並手交金氏關於敵人昭和十七、十八年之造艦計畫，與其現有船隻噸位。

（四）下午五時委座行轅茶會，七時散會。

11 月 27 日

（一）上午九時委座召見陳納德將軍，商主任、周主任及本人均陪坐，確定明年度中國空軍之建設計畫。

陳納德將軍並提宜速準備者為廠舍人員及訓練等事，委座當囑與周主任合作，速定計畫實施。

同時修正昨日運輸噸位會議之紀錄內容，說明「中國只能接受羅總統所給予每月一萬噸之噸位」，將此紀錄，交還薩莫威爾將軍。

（二）上午十時委座集合全體隨員諭知要點：

（1）此次會議結果，政治方面，頗為圓滿。軍事方面，海陸軍同時行動一節，已得羅總統保證。至於空運噸位，一、二月每月一萬噸之數目，尚待商洽。

(2) 史將軍暫留此間接洽關於會後決議之事，商主任可不必留。

(3) 隨行各員，分乘兩機，王祕書長、郭參事與官邸人員同乘一機，其他人另乘一機。

（三）上午十一時至米納旅館探聽決議事。據史迪威將軍云，迄未見成文者。經轉詢承辦議案人員，亦不得要領。且謂重要人員多已離開，此議決案，或待德黑蘭會議後回來方可決定云。

（四）夜間十一時委座及夫人乘第一批飛機起飛。

（五）夜二時本人及其他人員由開羅起飛。

宣傳部副部長董顯光參加開羅會議工作紀錄

開羅會議前後經辦宣傳聯絡工作報告如下。

11月19日

上午十時在阿格拉開會報時，奉諭派職為宣傳聯絡員。

11月22日

英國情報部駐開羅代表爾揚先生邀職赴曼那新聞會議室，與彼及其部下馬勒脫先生、辛克萊先生，暨美國戰訊局代表巴納斯先生及希亞先生等，討論如何管理有關開羅會議新聞之發布。當經決定，我三國代表每日上午十時及下午六時參加新聞會議，將各該國代表團逐日行動之無關機密而可以發表者，告在開羅之各國記者一百餘人，俾彼等於此項新聞可以發表之時，得有詳盡之參考資料，以助寫稿。

復經決定，各國記者不准進入開羅會議會場區域之內，會場區域加以軍事管制，新聞會議則在離會場區域半小時汽車始達之城內英莫皮麗亞大廈中。職奉委座核准於本日下午參加該項會議，口頭報告委座夫婦安抵開羅，並對下列問題作簡短之答覆：委座此行，是否為其離國境最遠之旅行？夫人體康如何？沿途不感疲憊否？按開羅會議之進行，在開羅新聞界中實為公開之祕密，各記者似對委座夫婦及羅斯福總統與邱吉爾首相之行動知之甚悉，時於其所發問句中流露之。

繼職報告者，為羅斯福總統私人宣傳聯絡員杜農先生，據稱總統擬不久舉行一新聞會議，準備答各記者問。

在第一次新聞會議中，英國代表團未能及時趕到，當由英國情報部駐開羅代表爾揚先生代為報告，稱蘇聯出席開羅會議代表團有隨時到達之可能，並聲明各記者在新聞會議所得之任何消息，目前應視為絕對祕密。

11月23日

奉委座諭隨時有翻譯工作之可能，勿離左右，因未參加上午及下午新聞會議。

11月24日至25日

亦如上日，因任翻譯工作，未能參加新聞會議，惟得抽暇赴新聞會議室晤英、美代表磋商有關開羅會議新聞發表事宜。

11月26日

上午十時奉委座核准參加新聞會議，各記者要求得於委座及夫人離開羅之前接見記者一次。職當答稱，如羅總統、邱首相決定延見記者，本人當可設法請委座與諸君晤談。爾揚先生時為主席，當即告各記者稱，羅總統與邱首相恐無暇接見記者。同時職答各記者詢問時復告以夫人因開羅氣候乾燥，體康頗見進步，委座尚未得暇往遊金字塔等。英國情報部代表報告此次出席開羅會議之人數，各記者因詢職何以中國代表團人數較少，職當答稱，我國重質不重量。

11月27日

上午十時奉委座核准參加最後一次新聞會議，擇無關機密之瑣事答各記者。

12月

12月2日返重慶後，晨七時三十分，得職部外籍顧問報告稱，英國廣播公司及美國廣播電台已發表開羅會議公報。職即以之告王祕書長寵惠，當由王祕書長立即轉告陳主任布雷，請示委座，是否可在渝發表公報。奉諭，仍應按照在開羅時三國之約定，當俟開羅通告二十四小時之時限到達後，始可發表。及上午十時，重慶美國合眾社已接得公報全文，數小時後，重慶路透社亦接得倫敦方面所發表之全文。當時職即發電囑我駐紐約辦事處主任夏晉麟同志，探明美國方面是否確已將公報正式發表。及下午六時十五分始接夏同志覆電證明美方確已正式發表，當再陳明委座，奉諭准予發表。我方公報始於十二月二日下午六時四十五分發表。較之英、美計落後十二小時。而開羅方面所謂二十四小時通知之約定，電至十二月十日始到達重慶，一電之傳遞，由開至渝，竟需十一日。職當於十二月十四日奉委座面諭，請外交部吳次長國楨向開羅當局提出抗議。經以此意轉告吳次長後，據稱，外部業已電駐開羅使館，調查延擱真相，俟查明之後，再向開羅當局提出抗議。

12 月 12 日，據職部駐美代表夏晉麟電告稱，紐約泰晤士報載十二月十日北美聯合新聞社倫敦訊稱：「據此間所得可靠消息，此次開羅會議消息之透露，實因中國代表團中帶有一中國新聞記者，即由該記者將此消息傳遞至里斯本者也」。此顯係英國方面擬以洩漏消息之責諉卸於我國之一種手腕。蓋里斯本路透社，開羅會議未閉幕前，即發表該會議之消息，英、美兩國情報當局，因此事發生爭執，正在相持之中，英方欲藉此以自求解脫也。職接夏同志來電後，當即擬具反駁聲明及致英、美情報當局要求澈查電稿，呈奉委座核定後於十二月十四、十五兩日先後發表兩次說明真相之聲明，判明中國方面對此消息之洩漏，不應負任何責任。

開羅會議期中任翻譯工作計有七次，茲分別報告如下

一、11 月 23 日上午

上午十時四十五分，陳納德將軍來第一號村請謁夫人，夫人因事未見，由委座見之。談話兩分鐘，陳納德述中國將來發展軍用航空之重要。委座囑其於下午三時參加聯合國參謀會議。

二、11 月 23 日下午

下午五時三十分，接見英國近東部部長凱賽及其夫人。委座因夫人方就醫，未克相見，表示歉意，並謝其殷勤招待之盛情。凱賽盛讚我駐加爾各答保總領事，稱幸得保君為友，得窺中國文化之門徑，蓋彼與保君同時駐在澳洲也。

三、11 月 24 日上午

上午十時三十分，在開羅設總部之英國近東總司令衛爾生將軍來訪，面謝委座前派赴北非觀戰團二軍官所攜贈之委座玉照，彼告委座稱，彼部下有訓練學校二所。其一為砲兵學校，其一則訓練運用戰車及充實修理站人員，每校有學員一千人，訓練時期三星期，亦可稍加延長。今該二校之存在仍嚴守祕密。彼答委座埃及氣候之詢問曰：自今迄明年此時，只有雨天四、五日，惟巴力斯坦及敘利亞則多雨。尼羅河流一千英里至卡東後分為二支流，一自阿比西尼亞流來，雨量甚多，河水順流而下，泛濫開羅，其一則自非洲中部流來。埃及之農作物皆恃尼羅河水灌溉，而巴力斯坦及敘利亞則恃雨水。

四、11 月 24 日下午

下午四時，陶格拉斯爵士晉謁。彼告委座稱，彼負責指揮地中海東部之空軍，而另一將官名史潑魯斯者，負責指揮地中海西部之空軍，二人皆屬於空軍統帥德爾特將軍部下。彼之司令部在開羅，已來此一年餘。委座詢其所部空軍之現狀，彼稱，目前戰事已遠離彼所負責之區域，彼部下空軍只餘戰鬥機與轟炸機四十中隊。共計在埃及訓練空軍之學校有十處。埃及空軍共有五中隊，此中戰鬥者三、轟炸者一、偵察者一。其所有飛機皆已陳舊。委座詢以埃及人是否與英人共同受訓，答係混合訓練。陶格拉斯將軍復稱，戰事不久將由土耳其向巴爾幹半島進展，故此間在短時期內將重見軍事行動之活躍。彼復邀請委座參觀其離開羅五十英里之學校，云將派其私人飛機前來迎迓。委座謝其盛意，並云倘時間許可，當接受其邀請。

五、11 月 24 日下午

下午五時，總部在阿爾及雅之地中海空軍統帥德爾特將軍來訪。答委座詢問時稱，彼部下今有飛機四千架，分駐地中海及意大利各地。其戰略擬加以集中，以便指揮。委座詢以以前指揮何處空軍，答稱，前曾指揮馬來亞及香港空軍，彼執行職務時曾赴廣州。委座表示希望彼能來遠東，彼稱此亦為彼之願望，謂願與日本作戰，以報昔日之仇。並告委座，彼就今職，已三年矣。

六、11 月 24 日下午

下午六時蒙巴頓爵士來訪委座與夫人。彼比較實行其第一作戰計畫與第二作戰計畫之利弊甚詳。其第一計畫擬集中其在印度之陸軍力量向曼德賴進攻，待中國軍隊克服臘戍之後，會師於此。欲實行此計畫，應有飛機六百九十架，勢不得不影響轉運物資來華之空中運輸，蓋一部份運輸所用之飛機將轉移為作戰用途也。其第二計畫名陶利杜計畫，係由英方遣送傘兵二萬人至印道與卡薩，再由英軍進佔清得溫江流域，華軍進克臘戍與八莫。此項計畫，不致影響運輸物資來華之空航，仍可維持其現狀。委座堅持應採用第一計畫，同時要求仍維持每月運華一萬噸之運輸量。蒙巴頓將軍請求委座商諸羅斯福總統與邱吉爾首相增派飛機，俾彼得實行其第一計畫。彼個人為英美聯合參謀團之部下，既已規定其應付緬甸戰役應得之物資，實未便再向請增。委座允其向羅斯福總統磋商。

七、11 月 26 日上午

上午十時三十分，蒙巴頓將軍晉謁委座，夫人不在座。蒙巴頓聲言，如不能增加飛機量，實行第一計畫實感困難。不然則當緬甸戰役進行期中，將無物資自印度運至中國。委座答稱，當設法使蒙巴頓能增得飛機，委座向其索取戰役中應用飛機數量之計畫書。彼答稱，因第一計畫是否即能採用，尚成問題，故彼所擬計畫，尚屬初步草案，彼自可奉閱，惟希望守絕對祕密。彼稱彼不知應如何說明保守祕密之重要。謂英國為一島國，只須出境者嚴加搜檢，即可防消息之洩漏，中國則為一大陸國，有許多道路可通入敵人區域，中國特工人員欲防消息走漏至敵方，實十分困難。委座向彼聲明可不必存此誠心。（聞此項計畫於十一月二十七日啟行前交與商主任矣。）

軍事委員會航空委員會主任周至柔隨節參加開羅會議記事

備忘錄

一九四三年十一月廿六日於昆明

遵蔣委員長之命擬就「中國空軍現代化計畫」一份，該項計畫業於一九四三年八月一日奉蔣委員長核准。並將計畫奉上，懇賜辦理為禱。

右備忘錄致華府陸軍部作戰科

中國空軍參謀長陳納德少將啟

附件：

附件（一）中國空軍現代化計畫

附件（二）中國空軍現況

本備忘錄暨附件分配如下：

正本及副本各一份 — 華府陸軍部作戰科

副本一份 ———— 蔣委員長

副本一份 ———— 中緬印戰區美軍司令官

副本一份 ———— 華府美國陸軍航空隊司令官

副本三份 ———— 存卷

中國空軍現代化計畫

一、緒言

如將中美混合大隊除去不計，現存之中國空軍效力極低，此全由作戰上缺乏現代化飛機及維護此等飛機之材料之故。中國空軍現有飛機之實力如附表所列。

從現有之組織建立一有效之戰鬥部隊事極可能，此事現已發軔，因已在印度之卡拉齊設有中美作戰教導隊，在十四航空隊司令官督導之下，為中國空軍訓練驅逐機兩大隊、中轟炸機隊一大隊。此教導隊之設置，係遵照陳納德將軍與美軍空軍設計部代表，於一九四三年五月間在華府會議中，所一致同意之計畫及步驟。

二、將中國空軍之現況加以分析（如附表），可得下列各點：

A. 中國空軍之轟炸機，或陳舊過時或不適於用，必須全部更換。

B. 中國空軍缺乏任何型式之偵察機。

C. 中國空軍所有之戰鬥機，除 P-40 式 K 系或後起諸系以外，其餘皆不適於用，必須更換。

D. 缺乏維持各部隊作戰實力之飛機補充集中分配量。

E. 缺乏維護現有飛機用之備件之補充。

F. 由於中國飛行生派美訓練之計畫，再加一九四二年七月一日以前中國之固有飛行員，中國空軍之駕駛人員尚屬充分。

三、建議

A. 中國空軍下列各大隊（中美混合大隊除外），重新予以現代化飛機裝備如下：

部隊名	規定實力	型式
第四大隊（戰鬥）（註一）	48 架	P-51B、P-63 或 P-40N（註二）
第十一大隊（戰鬥）（註一）	48 架	
第二大隊（中轟炸）	48 架	B-25D 及 B-25H
第十二中隊（偵察照相）	15 架	P-38（F-5）
第八大隊（重轟炸）（註三）	30 架	B-24 系
空運中隊	9 架	C-47
各種型式飛機合計 198 架		

（註一）第四及第十一大隊（均戰鬥大隊），現係自一九四三年度分配與中國之三百架 P-40 式機中獲得裝備，但目下應計畫將其損失之飛機，於一九四四年度以 P-51 或 P-63 系機補充之。

（註二）P-51 型戰鬥機最所歡迎，十四航空對日後亦將被裝備以此種形式之戰鬥機。我機型式最好能標準化，理由至明，毋俟煩言。

（註三）B-24 型重轟炸機應於在美受訓之中國重轟炸空勤人員畢業時開始撥給，每畢業一批撥給十架。此等空勤人員所組成之部隊，將自行飛度高原。

B. 在印度建立一飛機補充總站。此飛機補充總站所存之飛機數，須能補充下列預估百分率之作戰損失：

（一）戰鬥機：預估每月損失百分之二十。

（二）轟炸機：預估每月損失百分之十五。

（三）偵察機：預估每月損失百分之十二。

C. 裝運飛機時，同時裝運充分之備件。

D. 為上舉各種型式飛機在昆明存儲並經常維持可供三十天用之備件數量，在阿撒密存儲並經常維持可供六十天用之備件數量。

E. 中國空軍飛機及備份飛機之供給及補充，其辦法應與十四航空隊飛機及備份我機之供給及補充辦法相同。

（註）中、美兩國空軍部隊之聯合供應堆棧正在昆明建立中。

F. 中轟炸大隊一大隊、重轟炸大隊一大隊、偵察中隊一中隊、空運中隊一中隊之單位裝備量，應依照軍火分配局及貸租法案之條款，迅予核准。除重轟炸機由中國部隊自行飛入外，其他飛機之運入，則依照美國空運總部及中國航空公司之能力，以能維持中國正常作戰活動之百分之五十為度。

中國空軍參謀長陳納德少將謹擬

附中國空軍現況一份

中國空軍現況

一、飛機

<table>
<tr><th>部隊名</th><th>架數</th><th>型式</th><th>狀況</th></tr>
<tr><td rowspan="2">第四大隊（戰鬥）</td><td>10 架</td><td>P-40E</td><td>不適用</td></tr>
<tr><td>8 架</td><td>P-40N</td><td>合用</td></tr>
<tr><td colspan="4">總計 18 架</td></tr>
<tr><td rowspan="2">第十一大隊（戰鬥）</td><td>20 架</td><td>P-43A</td><td>不適用</td></tr>
<tr><td>69 架</td><td>P-66</td><td>不適用</td></tr>
<tr><td colspan="4">總計 89 架</td></tr>
<tr><td rowspan="2">第二大隊</td><td>11 架</td><td>A-29</td><td>不適用</td></tr>
<tr><td>46 架</td><td>SB III</td><td>陳舊過時</td></tr>
<tr><td colspan="4">總計 57 架
各種飛機總計 164 架</td></tr>
</table>

中國之空軍作戰

一、分析因 A.T.C. 飛機轉作他用，而致阿撒姆－中國間運輸量減少，對中國空軍作戰之影響。

二、由最近情勢推斷，北緬有限之攻勢將使所計畫之阿撒姆－中國間交運量減少至如下情形：

	總計	地面部隊	空軍部隊
一月	7900	3200	4700
二月	7900	3200	4700
三月	9200	3200	6000
四月	9200	3200	6000
五月	9200	3200	6000

三、以一月－二月每月四七〇〇噸，及三月－四月、五月每月六〇〇〇噸為基礎，則可以在中國供給以下之空軍作戰部隊，保有與以往相等之作戰力量。

中美聯隊中型轟炸中隊	二隊	B-25 機	24 架
中美聯隊驅逐大隊	一隊	P-40 機	48 架
十四航空隊驅逐大隊	（三中隊）二隊	P-40 機	150 架
十四航空隊驅逐中隊 T/E	一隊	P-38 機	25 架
十四航空隊中型轟炸中隊	一隊	B-25 機	16 架
十四航空隊第廿一照相偵察中隊		F-5 機	13 架
十四航空隊驅逐指揮中隊	二隊		人 570、噸 125
十四航空隊 Detachment 部隊運輸中隊		C-47 機	5 架
維護以上部隊之陸軍航空隊氣象服務隊			人 950、噸 250

四、上列部隊之外，第三〇八轟炸（重）大隊可依其自己飛機載運之物資有效作戰，並仍駐在中國。

五、一九四四年三月一日可增調第三四一轟炸大隊之中型轟炸中隊二隊及大隊司令部至中國，並可除上列之部隊外，由所建議之每月六〇〇〇噸之分配量中供給之。茲欲指出四七〇〇及六〇〇〇之運量分配中，並不包括中國空軍部隊之需要，並對在中國使用之中美聯隊之最後二批部隊（中型轟炸二中隊及驅逐一大隊）並無規定。

六、因減少運量而致不能活動之估計飛機數量如下：中國一六八架、中美七二架，總計二四〇架。

陸軍航空隊運輸量需要

中國　一九四三年十一月至四四年五月

十一月

甲、中國空軍（小計 3943）

部隊	炸彈子彈	發動機	空軍技術器材	一及四等	POL	總維護
第四驅逐大隊	144	18	36	27	588	813
第五驅逐大隊	144	18	36	27	588	813
第十一驅逐大隊	144	18	36	27	588	813
第八轟炸大隊（中）	169	12	12	27	663	883
第十二轟炸中隊（中）	42	4	4	7	221	278
士校			9		179	188
空運中隊		8	6	1	140	155
總計	643	78	139	116	2967	3943

乙、中美聯隊（小計 1068）

部隊	炸彈子彈	發動機	空軍技術器材	一及四等	POL	總維護	OEL
第三驅逐大隊（二中隊）	72	9	18	14	295	408	145
第一轟炸大隊（一中隊）	169	4	12	9	221	415	100
總計	241	13	30	23	516	823	245

丙、美國第十四航空隊（小計 6343）

部隊	炸彈子彈	發動機	空軍技術器材	一及四等	POL	總維護	OEL
第廿三驅逐大隊	216	17	26	36	882	1177	
第五十一驅逐大隊	216	17	26	36	882	1177	
第四四九驅逐中隊	58	2	17	3	295	375	
第十一轟炸中隊	169	4	12	9	221	415	
第廿一照相偵察中隊		2	17	3	280	302	
第三〇八轟炸大隊	702	20	100	45	1475	2342	
陸軍輸送中隊		1	9	1	141	152	
第廿三戰鬥指揮中隊			5	51		56	
第三二二戰鬥指揮中隊			5	51		56	
陸軍航空隊氣象服務隊			18	2	1	21	15
第五四服務中隊			2	3		5	
轟炸後備							250
共計	1361	63	237	240	4177	6078	265

丁、所有單位（總計 11354）

炸彈子彈	發動機	空軍技術器材	一及四等	POL	總維護	OEL
2245	154	406	379	7660	10844	510

總計 11354 噸
減去中航公司（1000 噸之百分五） 50 噸
減去三〇八轟炸大隊噸量 600 噸
請求經 ATC 之正常作戰量 10704 噸
請求經 ATC 之正常作戰量之 50% 5352 噸

十二月

甲、中國空軍（小計 3943）

部隊	炸彈子彈	發動機	空軍技術器材	一及四等	POL	總維護
自上月	643	78	139	116	2967	3943

乙、中美聯合隊（小計 1891）

部隊	炸彈子彈	發動機	空軍技術器材	一及四等	POL	總維護	OEL
自上月	241	13	30	23	516	823	
第一轟炸大隊（一中隊）	169	4	12	9	221	415	145
第三驅逐大隊（二中隊）	72	9	18	14	295	408	100
共計	482	26	60	46	1032	1646	245

丙、十四航空隊（小計 7933）

部隊	炸彈子彈	發動機	空軍技術器材	一及四等	POL	總維護	OEL
自上月	1361	63	237	240	4177	6078	
第一服務大隊		1	13	50		64	301
陸軍航空隊氣象服務隊			2	1		3	15
總計							148
第三四一轟炸大隊（二中隊）	446	8	24	6	590	1074	250
共計	1807	72	276	297	4767	7219	714

丁、所有單位（總計 13767）

炸彈子彈	發動機	空軍技術器材	一及四等	POL	總維護	OEL
2932	176	475	459	8766	12808	959

總計	13767 噸
減去中航公司及三〇八大隊量	650 噸
請求經 ATC 之正常作戰量	13117 噸
請求經 ATC 之正常作戰量 50%	6558 噸

正月

甲、中國空軍（小計 3130）

部隊	炸彈子彈	發動機	空軍技術器材	一及四等	POL	總維護
自上月	643	78	139	116	2967	3943
減第五驅逐大隊	144	18	36	27	588	813
共計	499	60	103	89	2379	3130

乙、中美聯合隊（小計 1646）

部隊	炸彈子彈	發動機	空軍技術器材	一及四等	POL	總維護
自上月	482	26	60	46	1032	1646

丙、十四航空隊（小計 7222）

部隊	炸彈子彈	發動機	空軍技術器材	一及四等	POL	總維護
自上月	1807	72	276	297	4767	7219
陸軍航空隊氣象服務隊				2	1	3
共計	1807	72	276	299	4768	7222

丁、所有單位（總計 11998）

炸彈子彈	發動機	空軍技術器材	一及四等	POL	總維護
2788	158	439	434	8179	11998

總計	11998 噸
減中國航空公司及三〇八大隊量	650 噸
請求經 ATC 之正常作戰量	11348 噸
請求經 ATC 之正常作戰量之 50%	5674 噸

二月

甲、中國空軍（小計 3130）

部隊	炸彈子彈	發動機	空軍技術器材	一及四等	POL	總維護
前月	499	60	103	89	2379	3130

乙、中美聯隊（小計 2714）

部隊	炸彈子彈	發動機	空軍技術器材	一及四等	POL	總維護	OEL
前月	482	26	60	46	1032	1646	
第五驅逐大隊（二中隊）	72	9	18	14	295	408	145
第一轟炸大隊（一中隊）	169	4	12	9	221	415	100
共計	723	39	90	69	1548	2469	245

丙、第十四航空隊（小計 7227）

部隊	炸彈子彈	發動機	空軍技術器材	一及四等	POL	總維護	OEL
前月	1807	72	276	299	4768	7222	
陸軍航空隊氣象服務隊							5
共計	1807	72	276	299	4768	7222	5

丁、所有單位（總計 13071）

炸彈子彈	發動機	空軍技術器材	一及四等	POL	總維護	OEL
3029	171	469	457	8695	12821	250

總計 13071 噸
減去中國航空公司及第三〇八大隊 650 噸
請求經 ATC 之正常作戰量 12421 噸
請求經 ATC 之正常作戰量之 50% 6211 噸

三月

甲、中國空軍（小計 3130）

部隊	炸彈子彈	發動機	空軍技術器材	一及四等	POL	總維護
前月	499	60	103	89	2379	3130

乙、中美聯隊（小計 3550）

部隊	炸彈子彈	發動機	空軍技術器材	一及四等	POL	總維護	OEL
前月	723	39	90	69	1548	2469	
第五驅逐大隊（二中隊）	72	9	18	27	295	421	145
第一轟炸大隊（一中隊）	169	4	12	9	221	415	100
共計	964	52	120	105	2064	3305	245

丙、第十四航空隊（小計 7224）

部隊	炸彈子彈	發動機	空軍技術器材	一及四等	POL	總維護	OEL
前月	1807	72	276	299	4768	7222	
陸軍航空隊氣象服務隊							2
共計	1807	72	276	299	4768	7222	2

丁、所有單位（總計 13904）

炸彈子彈	發動機	空軍技術器材	一及四等	POL	總維護	OEL
3270	184	499	493	9211	13657	247

總計	13904 噸
減去中國航空公司及三〇八大隊	650 噸
請求之正常作戰量	13254 噸
請求之正常作戰量之 50%	6527 噸

四月

甲、中國空軍（小計 3130）

炸彈子彈	發動機	空軍技術器材	一及四等	POL	總維護
499	60	103	89	2379	3130

乙、中美聯隊（小計 3305）

炸彈子彈	發動機	空軍技術器材	一及四等	POL	總維護
964	52	120	105	2064	3305

丙、第十四航空隊（小計 7222）

炸彈子彈	發動機	空軍技術器材	一及四等	POL	總維護
1807	72	276	299	4768	7222

丁、所有單位（小計 13657）

炸彈子彈	發動機	空軍技術器材	一及四等	POL	總維護
3270	184	499	493	9211	13657

總計 13657 噸
減去中國航空公司及第三〇八大隊 650 噸
請求之正常作戰量 13007 噸
請求之正常作戰量之 50% 6503 噸
五月與四月相同

空軍供應品在中國之分配

十一月

	昆明	桂林	成都	重慶	總計
一、中國空軍			3130	813	3943
二、中美聯隊		1068			1068
三、第十四航空隊	4146	2197			6343
總計	4146	3265	3130	813	11354

十二月

	昆明	桂林	成都	重慶	總計
一、中國空軍			3130	813	3943
二、中美聯隊		1891			1891
三、第十四航空隊	4514	3419			7933
總計	4514	6310	3130	813	13767

正月

	昆明	桂林	成都	重慶	總計
一、中國空軍			2317	813	3130
二、中美聯隊		1646			1646
三、第十四航空隊	3803	3419			7222
總計	3803	5065	2317	813	11998

二月

	昆明	桂林	成都	重慶	總計
一、中國空軍			2317	813	3130
二、中美聯隊		2714			2714
三、第十四航空隊	3808	3419			7227
總計	3808	6133	2317	813	13071

三月

	昆明	桂林	成都	重慶	總計
一、中國空軍			2317	813	3130
二、中美聯隊		3550			3550
三、第十四航空隊	3805	3419			7224
總計	3805	6969	2317	813	13904

四月

	昆明	桂林	成都	重慶	總計
一、中國空軍			2317	813	3130
二、中美聯隊		3305			3305
三、第十四航空隊	3803	3419			7222
總計	3803	6724	2317	813	13657

五月

	昆明	桂林	成都	重慶	總計
一、中國空軍			2317	813	3130
二、中美聯隊		3305			3305
三、第十四航空隊	3803	3419			7222
總計	3803	6724	2317	813	13657

備忘錄

一九四三年十一月廿六日於華府

一、台端致華府陸軍部作戰科一九四三年十一月廿六日備忘錄暨附件「中國空軍現代化計畫」，業經陸軍航空隊司令官加以研究。

二、本部將採取行動使台端之計畫，由陸軍部聯合參謀部軍火分配局及貸借法案機關等各單位會同商決，所將採取之最後行動大體如下：

A. 該計畫將大體被認可。

B. 下列各規定將施用於該計畫：

1. 計畫中第三節 a 項所列之飛機型式及架數，其交運將視下列各項事實而定：

（甲）美國空運總部及中國航空公司確能運入充分之噸位，足以維持除三十架 B-24 式機以外之其他各式飛機之正常作戰補充率至少百分之五十。（B-24 式機可以自給，故其作戰補充率較低。）

（乙）確有充分數量之受過適當訓練之中國人員維持並運用飛機。

（丙）所列飛機在數量上之供應，可能超過美空軍所需要之數量。

C. 規定補充量將能應付計畫中第三節 b 項所規定之限度內之實際損失。

D. 一俟計畫中之日期確定（日期指可能交付飛機之月份而言），即將該項消息用無線電傳達台端。在目前已可明悉，不能希望於 1944 下半年以前交付飛機。

右備忘錄致陳納德將軍

安諾德將軍

空軍設計部助理參謀長古德（代）

軍令部第二廳廳長楊宣誠隨節參加開羅會議日記

11月21日　晴

晨七時半抵開羅，由美國空軍站長派車送赴門納旅館，英方派人招待入內休息。與董副部長、蔡團員在該處沐浴。早餐後，赴委座行轅報到，旋由英方招待送赴二十一號別墅住宿。

午後，整理所帶敵情資料。

晚九時，委座召集訓話。並奉諭從明日起，應每日赴委座行轅辦公。

11月22日　晴

上午，赴委座行轅候示。旋赴門納旅館，察看英方交配我國代表辦公房屋，整備文具。美國陸海軍部主管情報之貝茲准將 Brigadier Bitts、司密斯侯敦上校 Captain Smith-Hulton 來訪。司密斯上校為前在東京時舊識，在此相見，彼此均不勝今昔之感。

下午，奉諭編譯「太平洋戰事爆發後日本軍艦商船增損詳表」。

11月23日　晴

上午，委座赴羅總統行轅出席三首領會議。商、林兩主任奉諭隨往，朱武官任翻譯。

下午，奉諭赴門納旅館出席作戰會議，由英國參謀總長布諾克上將主席，計英方出席者，有海軍參謀總長克寧漢上將、空軍參謀總長拔多爾上將、狄爾元帥、蒙巴頓上將及其幕僚；美方出席者，有李海上將、海軍總司令兼參謀總長金上將、陸軍參謀總長馬歇爾上將、空軍總司令安諾德上將，各帶幕僚若干人列席；我方出席者，為商、林、周三主任，朱武官、蔡團員及本人共六人，史迪威爾、陳納德兩將軍亦均列席。主席請我方對反攻緬甸計畫，發表意見。我方因未充分準備，未能作有條理之陳述。主席遂改訂明日下午再開會，並稱對於英方材料，如認為不足時，可隨時要求再提出。旋由史迪威爾報告我遠征軍情形，主席乃宣告散會。

散會後，主席特向我方出席人員握手周旋，表示慇懃之意。本人因問決定此項作戰計畫之先，是否有作敵情檢討之必要？布諾克上將頻頻點首稱是，立命副官請其參謀本部第二廳副廳長來見，並囑其於明日午後開作戰會議之先，召集一敵情檢討會議。

晚，在委座行轅共同研究英方交來反攻緬甸作戰計畫。史迪威爾將軍約同蒙巴頓總部美籍副參謀長偕來，詳細說明。由林主任指導，作成我方明日質問底稿，交朱武官譯成英文。至十二時始回宿舍。

是晚，向商、林兩主任建議二事：（一）明日赴會時，應由一人代表發言。（二）發言時應用華語，由朱武官譯成英語。均蒙採納。

11月24日　晴

上午，赴委座行轅後，赴門納旅館，再整理所帶敵情資料。十時出席情報檢討會議，由英國陸軍參謀本部第二廳副廳長克卡門准將 Brigadier Kirkman 主席，計到英國主管情報之陸海空軍軍官各一員，美國主管情報之陸海空軍軍官各一員，東南亞聯軍總部主管情報之柯布准將 Brigadier Cobb 亦來參加。由主席出示英方對越、泰、緬方面敵軍兵力之紀錄，請中、美兩方亦各報告其紀錄，互相檢討。結果咸認對於敵陸軍兵力之估計及研究，以我方為最詳細正確。本人所說明者，英、美兩方，均各命其速記記錄。對於敵海軍兵力之估計，中、英、美三方面，均一致無所討論。對於敵方空軍兵力之估計，則三方數字均不同。英方估計，敵飛機（包括海陸軍機）不過三千二百架，出產量每月不到一千架。美方估計，敵飛機四千五百架，出產量每月一千至一千五百架。我方估計，敵飛機七千架，出產量一千五百架至三千架。討論達一小時之久，英方主管人李中校 Wing Commander Lee 與本人，辯論尤烈，由編制隊號以至敵飛機出產量，逐一討論。英方似有政治作用，不欲估計敵空軍兵力過大，以便多要求分配美機，予英國使用於歐洲方面。本人乃將敵軍編制及航空基地，詳細講解，證明我方所估計數字，比較正確。美方認為理由充分，英方遂亦無詞。最後，本人警告英方對於越、泰、緬方面敵空軍兵力估計之錯誤，並說明敵在該方面將來使用之最高限度，可能達一千五百架。英、美雙方均甚注意，並請借用我方圖表拍照，均應允之。

十二時主席一再向本人致謝，並請此後隨時以新情狀告知彼國在渝空軍武官，遂宣告散會。

午後三時半，再赴門納旅館，出席作戰會議。我方依照預定計畫，由商主任發言，朱武官翻譯，提出各種質問。英方由蒙巴頓將軍、克寧漢上將、柯布准將，一一答覆。委座指示三要點，均得相當結果。散會後，由商、林兩主任報告委座。

晚，赴使館湯代辦之宴，就詢埃及政情，及英、埃最近關係甚詳。

11月25日　晴

上午，赴委座行轅候示。下午，美國登努萬准將 Brigadier Donovan 來訪，由商、林兩主任及本人接見。登努萬言，彼本人原為律師，因通德文，故第一次大戰時，參加對德情報工作。此次戰事發生，又被召主持總統府情報事務。唯有三點，須特別說明：（一）本人所主持之情報機關，係直屬總統，雖有海陸空軍人員參加工作，但決不受海陸軍指揮。（按登氏所主持之情報機購，現已改隸聯合參謀會議之下。）（二）本人所主持之情報機關，雖派有多人在各盟國內工作，但對盟國內情，不感興趣，亦即不對盟國作調查工作。換言之，專任蒐集敵方情報。（三）本人所主持之情報機關，不僅作情報工作，並作破壞工作。（如對敵軍海陸交通、運輸，或布置水雷、或埋設地雷之類。）此次盟國在西西里及意大利登陸，本處所派人員，均先軍隊前往。大軍一到，即任嚮導之責，即其一例。聲明此三點之後，登氏繼言：「上年派赴貴國之梅樂斯海軍上校，聞在重慶現為貴國擔任訓練特工人員之事。此與派出之初衷，完全相反。貴國或需要此項人員，作此項工作，本人並不反對。不過本人所主持之情報機關，其任務不在此，故已電令梅樂斯撤消其代表本機關之職責。但彼在貴國工作所需要之經費與器材，仍當源源接濟，以符貴國之要望。本人擬不日赴渝，並擬另派人員，在貴國各地蒐集關於日本之情報，並施行對敵破壞工作。此事務請轉呈蔣委員長，賜予允許協助。本人可再鄭重聲明，派來之人，絕不與貴國為對象，將來工作計畫，必先呈蔣委員長核准。貴國如認不可作，或不必作之事，決不實施。又所派之人，均置於史迪威將軍指揮之下，並附帶聲明。」等語。經與商、林兩主任商議，未作具體答復，僅允轉報而已。

11 月 26 日　晴

感恩節。

是日正午，委座宴請美國海軍總司令兼海軍參謀總長金大將，奉諭作陪。金大將談話中可記者，有左列三項：（一）金大將在日俄戰爭時，曾來中國，當時在美國軍艦任下級將校職務。目睹中國海軍，依法解除侵入中國海港之俄國軍艦，為日本強索以去，自幼即深深認識日軍人之橫暴。（二）美國海軍艦隊，分布太平洋、大西洋，地域遼闊，補給不易。而各方面負責之司令長官，只知為其本身著想，多方要求增加兵力及軍實。雖其心無他，但實不知最高司令部，統籌支配，煞費苦心。（按此種現象，正與我國各戰區相同。）（三）金大將對我派遣學員學生赴美學習海軍事，極表歡迎。並表示希望我源源派去，彼當負責為我教育，一如其教育美國海軍軍官云。

11月27日 晴

上午，出外略事遊覽名勝，並參觀埃及工人住宅區，其汙穢不堪之情形，足反照其生活艱難之窘境。英人為言，埃及僅有貧、富兩階級，實言而有徵。然富者大抵皆主宰國所豢養，授以相當教育，使之壓榨無知無識之平民。於是富者愈富，貧者愈貧矣。

國父「天下為公」之大政治家見解，歐人似尚不足以語此也。

下午，整理行裝。

晚十二時，由宿舍出發赴機場。二時起飛，就歸國之途。

外交部參事郭彬佳參加開羅會議報告

此次中美英三國領袖在開羅會議，於十一月二十三日上午舉行，至十一月二十六日晚間完畢，會議共四整日。會議範圍包括軍事與政治兩大部分。職奉諭隨侍鈞座前往，並協助王祕書長參加政治會商事宜。茲謹就會議中關於政治問題折衝之經過，扼要報告如左。

在會議開幕之前，我方曾擬就政治提案一件，提案內容包括四大項：第一項主張設立中、美、英、蘇四國機構，或聯合國總機構；第二項主張中、美、英、蘇應設置軍事技術委員會，並設立國際海空軍軍事根據地，以維護過渡期間之國際安全；第三項要求盟國對於德國投降有所決議時，必須邀請我方參加；第四項係關於專涉遠東之問題。其中包括：

（甲）主張中、美、英應成立一遠東委員會，並歡迎蘇聯參加。

（乙）主張統一作戰指揮，將華府現有之英美聯合參謀會議，擴大為中美英三國聯合參謀會議，否則另外成立中美聯合參謀會議，負責指揮在遠東作戰之中、美兩國軍隊。

（丙）將來佔領日本領土或克復聯合國失土時，主張採取如下辦法：

（1）敵人領土被佔領時，由佔領軍隊暫負軍事及行政責任。但佔領軍隊如非中、美、英三國之軍隊，則此三國中無軍隊參加之國，亦均派員參加管制。

（2）中、美、英領土被收復時，由佔領軍隊暫負軍事責任。該地之行政由該地原主權國負責。彼此相關事項，由佔領軍與行政機構協商行之。

（3）其他聯合國領土被收復時，由佔領軍暫負軍事責任，由該地原主權國負行政之責，但仍受佔領軍事機關之節制。（即照英、美所擬關於歐洲戰區之辦法。）

（丁）建議日本潰敗時之對日處置方法，分下列諸點：

（1）中、美、英三國應議定一戰後處置日本之基本原則，類似莫斯科會議所定對義大利之政策。

（2）中、美、英三國應議定懲處日本戰爭禍首，暨戰爭發生後日本暴行負責人員之辦法，同於莫斯科會議對納粹暴行負責人員之懲處辦法。

（3）中、美、英三國應約定承認朝鮮於戰後獨立，倘蘇聯對此點表示同意，非常歡迎。

（4）日本於九一八以後自中國侵佔之領土，以及旅順、大連，與台灣、澎湖，應歸還中國。

（5）關於太平洋方面其他領土之處置，應由中、美、英三國議定若干原則，並設立一專門委員會，考慮具體解決方案，或交由擬設之遠東委員會擬具具體方案。

(6) 日本在華之公私產業，與日本商船，應完全由中國政府接收，以補償中國政府及私人所受損失之一部。戰爭停止後，日本殘存之軍械、軍艦與飛機，應即移交中美英三國聯合參謀會議，否則即須移交擬設之遠東委員會，聽候處理，用以維持戰後遠東之和平。

按我方草擬此項政治提案，係在莫斯科發表四強宣言之後，自當參酌該宣言以定其內容。例如，四強宣言特別注意今後政治合作之指導原則，與過渡期間之對敵與國際安全諸問題，我方政治提案亦列入設立四國機構，設置過渡期間軍事技術委員會，及列舉將來收復失土時之諸種處理方法等，卒使提案範圍，略嫌寬泛。至會議開幕前夕，鈞座認為上述種種建議，斷難在會中逐一商討，更難求全部有所決定。況此次開羅會議之精神與環境，亦與十月間莫斯科英美蘇三國外長會議不同。莫斯科會議惟恐蘇聯與英、美不合作，或合作而不持久，是以會議重點在於爭取合作原則之確立。此次開羅會議則不然。羅總統與邱首相雖係初次與鈞座會晤，但中、美、英之合作，根本不成問題。所待議定者，一為調整對日作戰之戰略，一為日本戰敗時懲處其過去侵略行動之明確辦法。其對象係具體的。我方提案之時，應針對此具體對象，作直截了當之建議。若旁及戰後合作諸問題，非但時間失之太早，且在此次會議中亦無法作任何決定。

根據上述考慮，鈞座決定就原提案中，分別輕重，提出討論。凡為清算日本侵略行為，與足以明顯表現我國六年來之作戰目的者，決求在此次會議中，與美、英成立確切之諒解，並昭示於天下。此外諸問題，則僅求交換意見，與提出節略送備參考已足。（節略僅送羅總統。）

鈞座此項決策，洵為此次會議成功之一大關鍵。蓋會議之時間十分寶貴，非集中心力以貫澈我方之主要目的與要求不可。此次會議公報卒能明白樹立澄清遠東大局之綱領者，實鈞座高瞻遠矚，有以致之也。

我方提案之方式，經鈞座決定先只與羅總統會商，俟中、美獲得一致意見後，對付英方自較容易。由後來英方對公報初稿非難之情形觀之（參閱下文），蓋見鈞座採取此項步驟，為賢明之決策。我方第一次提出政治提案，係在二十三日下午七時至十一時，鈞座暨夫人向羅總統單獨提出。是晚係口頭討論，並未提出書面，美方除羅總統與霍布金斯外，並無他人在座。會商經過，極為圓滿。兩方一致同意於下列數點：（一）日本攫取於中國之土地，應歸還中國。（二）太平洋上日本所強佔之島嶼，應永久予以剝奪。（三）日本潰敗以後，應使朝鮮獲得自由與獨立。此外彼此交換意見者，當涉及成立三國聯合參謀會議，或中美兩國參謀會議問題。關於戰後日本在華之公私產業應完全由中國政府接收一點，羅總統表示贊成。而如何使朝鮮重建自由與獨立，則雙方諒解，應由中、美兩國協助朝鮮人民達成獨立之目的。

是晚討論之結果，既甚圓滿，羅總統遂命霍布金斯根據討論之內容，起草聯合聲明。其時英外相艾登與次官賈德幹尚未到達開羅（二氏係於二十四日下午始到達），而邱首相亦正忙於軍事會商，因此政治決議之雛形，實於二十四日一日內根據中、美之一致意見而作成者。霍布金斯奉命起草，至二十四日下午脫稿，晚六時親自將稿送交我方。文詞確切，意義正大。

鈞座與夫人閱後，均表滿意。決定不加修改，完全贊成原稿文字。至此鈞座領導全國軍民六年來堅苦抗戰之目的，可謂已得確切之保證。茲錄該初稿原文如下：

羅斯福總統、蔣委員長、邱吉爾首相，暨各該國軍事長官，在非洲某地舉行會議，業已完畢。茲發表聯合聲明如下：

「三國軍事代表對於今後由中國與東南亞洲打擊日本之作戰計畫，已獲得一致意見。此項計畫之細節，固不能發表，但規定對日本將有不斷而且日益加緊之攻勢。吾人決定在海陸空各方面，對此殘暴之敵人，給予不放鬆之壓力。此種壓力目前已經開始，日本即可領略其威力。

太平洋上被日軍佔領之島嶼，其中包括許多島嶼日本曾自承不予設防而竟變為重要軍事根據地者，吾人決定永遠不能為日本所有。

日本由中國攫取之土地，例如滿洲、台灣、小笠原等，當就應歸還中國。凡係日軍以武力或侵略野心所征服之土地，一概須使其脫離其掌握。

日本對朝鮮人民之奴隸待遇，吾人初未忘懷。日本潰敗後，於適當時期，吾人決定使朝鮮成為一自由與獨立之國家。

吾人充分明瞭，欲使日本潰敗，尚須猛烈與堅苦之戰鬥。我三國保證並肩作戰，直至獲得日本之無條件投降為止。」

此次蔣夫人陪同蔣委員長與會。

代表美國參加此次會議者為：海軍上將李海、陸軍上將馬歇爾、海軍上將金氏、陸軍上將安諾德、陸軍中將索姆威爾、陸軍少將華德生、海軍少將勃朗、海軍少將麥金泰、霍布金斯先生、哈立曼大使、魏南特大使、史坦哈特大使、陶格勒斯先生、麥克洛埃先生。

英方代表為：陸軍上將白洛克、空軍上將樸脫爾、海軍上將肯寧漢、雷瑟斯勛爵、陸軍中將伊斯美。

中國代表團包括：陸軍上將商震、王寵惠博士、海軍中將楊宣誠、空軍中將周至柔諸人。

〔註〕按霍布金斯將原稿交來時，關於日本應該歸還之中國領土中，曾列小笠原一項，此係澎湖之誤，翌日彼即加以更正。又我方研究此條文字時，亦曾考慮及於琉球問題。結果鈞座決定不必明白載入。蓋琉球雖曾為中國藩屬，但究係一獨立國家。戰後對於琉球之處置，至少在原則上，應同於戰後對於朝鮮之處置。不過琉球應該脫離日本統治，則無問題。關於此點，霍布金斯原稿中已有「凡係日軍以武力或侵略野心所征服之土地，一概須使其脫離其掌握」一條，可以包括琉球也。

當二十四日晚六時霍布金斯以初稿送來時，我方即以原擬政治提案之全文請其轉呈羅總統。惟因我主要目的已經達到，提案中其他細節，不過送備羅總統參考，以期將來隨局勢之演變再進行交涉而已。故單就中、美兩國間之交涉而論，至此可謂圓滿告成。迨二十四日晚艾登與賈德幹到達後，形勢為之一變。美方示以中、美同意之初稿，英方大表反對。經過二十五日一日之醞釀，英方提出如下之修正：

（一）英方主張第一節不用「軍事代表」字樣，而用「顧問人員」字樣。

（二）關於歸還中國領土之一節，英方主張不用「當就應歸還中國」字樣，而用「日本當然應該放棄」字樣。

（三）關於朝鮮，英方主張不用「使朝鮮成為一自由與獨立之國家」字樣，而用「應使其脫離日本之統治」字樣。英方並說明，苟不能照此更改，則英方願刪去此條。

（四）英方特別增添一節曰：「吾人此次進行戰爭之目的，在於制止及懲罰日本之侵略。但吾人決不為自己圖利，並無拓展領土之意思。」

（五）英方對中、美初稿所列出席軍事代表名單，為恐洩漏機密，主張一律刪去。

二十六日下午四時，中、美、英三方正式討論中、美初稿與英方之修正案。計英方所提修正意見五點，除（一）（五）兩點有充分理由被接受外，其餘三點均被中、美一致反對。結果英方只得讓步，接受中、美意見。但聯合聲明之文字，經英方堅持，刪改頗多。至五時半始全部修正通過，復經三領袖最後核定，成為下列正式公報：

羅斯福總統、蔣委員長、邱吉爾首相，偕同各該國軍事與外交顧問人員，在北非舉行會議，業已完畢。茲發表概括之聲明如下：

「三國軍事方面人員，關於今後對日作戰計畫，已獲得一致意見。我三大盟國決心以不鬆弛之壓力，從海陸空各方面，加諸殘暴之敵人。此項壓力已經在增長之中。

我三大盟國此次進行戰爭之目的，在於制止及懲罰日本之侵略。三國決不為自己圖利，亦無拓展領土之意思。三國之宗旨在剝奪日本自從一九一四年第一次世界大戰開始後在太平洋上所奪得或佔領之一切島嶼。在使日本所竊取於中國之領土，例如東北四省、台灣、澎湖群島等，歸還中華民國。其他日本以武力或貪欲所攫取之土地，亦務將日本驅逐出境。我三大盟國稔知朝鮮人民所受之奴隸待遇，決定在相當時期，使朝鮮自由獨立。

根據以上所認定之各項目標，並無其他對日作戰之聯合國目標一致，我三大盟國將堅忍進行其重大而長期之戰爭，以獲得日本之無條件投降。」

上述英國所提修正意見數點值得加以密切注意。彼不願說明滿洲、台灣、澎湖等土地應該歸還中國者，反映其恐懼戰後中國強盛之心理，似甚明顯。彼不願明言朝鮮於戰後應該成為自由與獨立之國家，似亦導源於嫉妒或防備中、美兩國之心理。至於英方特別附加「吾人決不為自己圖利，亦無拓展領土之意思」一句，從正面言，誠然與我國歷來之國策相符合，然從反面推敲，則英國未始不欲藉此束縛我國，使我國戰後勢力不致膨脹至於英帝國之屬地。總之，在此次整個政治交涉中（軍事交涉亦然），英國政策與美國政策不同之點，充分表露。美國主張正義，講求原則，對遠東以扶植獨立自由平等之中國為中心政策。英國則利害重於正義，不講原則，其最大前提在於保持英帝國遠東之領土與利益。英、美旨趣有此分野，殊堪注意。於此益見在會議開始之時，鈞座之先行就商於羅總統，確為必要之策略。會議完畢後，艾登返倫敦，在下院報告（十二月十三日）說明上述諸點時，仍措辭模糊，不用公報中之原文，更可見英方成見之深，一時猶未易轉移也。

英國態度雖如此，但全部交涉結果，中、美兩國畢竟貫澈其主張，而對我尤為有利。伏念此次開羅赴會，為中、美、英三領袖之首次會面。此空前集會之成敗，關繫今後盟邦合作與世界和平者至鉅。幸賴鈞座之德威，益以夫人之賢能，卒使懲處暴日與解決遠東問題之綱領，得以確立，我抗戰目的之貫澈，亦獲得保障，而中、美、英三國間之盟誼，日臻密切。此誠我國外交史上空前之成功，而職等隨侍鈞座參與會議者所特為振奮者也。

關於軍事與財政問題之協商，職亦當隨時筆錄。因另有負責人員呈報，不再贅述。

駐華盛頓陸軍武官朱世明隨節參加開羅會議日記

11月21日　星期日

早八時到達開羅，即驅車赴一號行轅。十時大會事務主任摩耳海（MOORHEAD）少將來訪，當即介紹見商主任，並與之商定廿一、廿七兩處宿舍，另在密納飯店撥房兩間為聯絡及開會時休息之用。

11月22日　星期一

午前十時，隨商主任訪東南亞洲總司令蒙巴頓將軍，談及議程委員會問題時，蒙謂可將提案開列交渠提出。隨後往訪英中東總司令威爾遜上將，所談均係客套語。

十二時半在一號行轅正與史迪威電話接談時，忽睹霍浦金斯入門復折出，因將其挽回至客廳少坐，並報告委座及夫人予以接見。

午後五時隨商主任訪英駐埃大使克勞恩（藍普森）轉達委座所開兩點：（一）請以老朋友資格隨事照拂，（二）約定次日正午十二時王祕書長往訪。六時隨商主任訪馬歇爾總長，除寒暄外，馬詢中國軍事機關組織甚詳，又談太平洋戰局及接濟我國物資問題，謂明年五月後援華物資必大有增加。

11月23日　星期二

早九時譯新聞一件。十時遵委座指示修正三三三計畫英文稿。十一時參加三領袖會議任翻譯。（記錄稿已呈林主任，本人為機密起見，離開羅時將一切稿件悉行銷毀，未留片紙。）

午後三時隨商主任、林主任等赴密納飯店參加軍事會議。主席為英陸軍參謀總長布洛克，開始即謂我們已將攻緬計畫告知大家，現在願聽中國方面意見。經請示商主任後，即答以中國代表未獲有充分時間研究蒙巴頓將軍之計畫，故此時不便發表意見。布洛克續問中國方面有何問題或有何不了解之處，均答以無。布即聲色俱厲，謂我等今日開會完全係為聽取中國方面意見，現在中國代表不肯發表意見，我等究如何辦法？此時全場注目中國代表，空氣異常緊張。當以極和平之語氣答曰，請原諒我說句題外的話：假使昨晚議程委員會開會時有中國代表參加，自然我們今天一定有充分準備。此語似出布不意，未立作答，轉而與鄰座者商議，因彼等雖不承認有議程委員會開會之舉，但亦不便正式否認也。此時馬歇爾忽插入謂，彼不懂中國方面理由，因彼本人亦僅在今早方得睹蒙巴頓計畫。當因避免衝突未予作答。此時主席復問中國代表是否要求延期開會。當答以中國方面明日必有意見提出，但本日英、美兩方儘可繼續討論。主席即問蒙巴頓有何問題。蒙詢雲南方面中國部隊情形，當由史迪威答覆。隨即散會。

散會後列希（有時譯李海）上將過來握手獎勵。蒙巴頓之副參謀長魏特邁爾亦來表示願幫忙，當約其晚間晤面。

午後五時，三三三計畫最後一次修改。

晚與史迪威、魏特邁爾、梅立爾及我國軍事長官等研究蒙巴頓計畫，準備明日開會提案。

11月24日　星期三

午前赴密納飯店與摩海少將交涉，遷入較大之三十五號房間辦公。

午後三時半參加軍事會議，先由商主任以華語致詞，次由本人以英語按照預行擬就之問題一一發問（原稿存林主任處），由蒙巴頓作答。中間蒙忽質問我方是否懷疑英方誠意，當答以決無此意。嗣後提出我方意見三點：

（一）海上行動必與陸上行動同時，海軍集中日期務須確定。

（二）攻緬作戰目標第一期應為曼德勒、臘戍之線，第二期應為仰光。

（三）為維持中國軍隊之作戰，每月空運一萬噸不能減少。

第一點由英海軍軍令部長克寧漢上將答覆，謂彼保證孟加拉灣將有充分海軍兵力，詳細情形當由邱首相面告蔣委員長。第二點蒙答以因交通線關係不能辦到。討論至第三點時，蒙態度甚強硬，謂減少入華空運即所以求攻緬作戰之成功，收復緬北即以求打通中國之國際交通線，中國方面究竟是否僅欲保留每月一萬噸之空運，抑仍欲打通國際路線。當答以中國自然希望打通國際交通線，但此一萬噸空運對於中國軍隊作戰尚不能滿足最低限度之需要，苟非因高山及其他技術上之困難，則中國所要求者或將十倍於此。此時馬歇爾插入謂，渠不審何以有此爭執，因中印空運係用美方飛機、美方駕駛人員，而所輸送者又係美方物資。其意似謂此事應完全由美方決定。我方即聲明中國代表除將會議經過報告委座外，更無其他意見發表。此時史迪威起立謂，奉蔣委員長命重複表示堅持我方意見三點。再次陳納德說明美空軍第十四隊之計畫。安諾德問此計畫係建議，抑係說明需要。陳答僅係表示需要。隨即散會。

11 月 25 日　星期四

午前譯報紙新聞兩則。

午後一時與梅立爾等在密納飯店午餐，晤哈利門、斯脫德邁爾、列希、金、漢第及羅伯慈等。

午後二時奉命訪美海軍艦隊總司令金氏，談話要旨如下：

（一）此次會議因東地中海方面之挫敗，影響其他戰場預定計畫。

（二）太平洋戰略當以早日收復呂宋，打通呂宋、台灣間海路，直達中國為目標。

（三）對於三三三計畫，渠願極力贊助其成功。

（四）對於一萬噸空運，渠勸我方相當讓步。

11 月 26 日　星期五

午前十一時參加空運會議，任翻譯。（全卷已呈商主任。）

午後十二時半金總司令來午餐，任翻譯。

五時參加茶會。

八時與王祕書長、商主任商修正空運會議記錄稿。

晚十時半應安諾德、索姆威爾約，至其寓所面交空運會議記錄修正稿。

11 月 27 日　星期六

午前艾森豪威爾謁見委座，任翻譯。

陳納德來報告美國協助建立中國空軍計畫。（卷存周主任處。）

午後代商主任擬致索姆威爾函，並附空運會議記錄最後修正稿。

午後六時翻譯 TOREADOR 計畫。（卷存林主任處。）

侍衛長俞濟時、侍從武官陳平階隨節參加開羅會議日記

11 月 21 日　星期日

上午七時，委座所乘之大飛機飛抵開羅市外之培因（PAYNEFIELD）飛機場，在機場迎接者，有陳納德將軍及美軍人員若干，嗣後據英方聯絡官云：「委座抵開羅時間較預定日期早一日，當時美方空軍人員嚴守祕密，英方未得通知，故開羅英方軍政長官未獲來機場迎接，深以為歉。」

委座暨夫人乘美軍所備汽車，由陳納德將軍嚮導，經過開羅市面，先赴密納飯店會議場。車抵會場後，委座意先赴別墅，乃由會議場負責英軍派人引導赴第一號別墅官邸。

抵第一號別墅後，分配住所，由委座指定王祕書長寵惠、俞侍衛長濟時、董副部長顯光、黃總幹事仁霖、俞祕書國華、陳武官平階、左醫生、陳小姐等隨住第一號別墅。其餘隨從人員分住第二十一號與第二十七號別墅。第一號別墅英方派有聯絡官一員（卡特上尉），警衛步兵一連、憲兵一小隊、便衣警士七人。別墅四周警衛森嚴。第二十一號、第二十七號兩所別墅，除衛兵外，無警衛設置，兩處共派上尉聯絡官一員。

是日上午十一時，委座召見我派駐開羅代辦湯武，垂詢埃及概況。

下午四時，英駐埃及大使吉朗勛爵（Lord Killearn，

即前藍浦生爵士）來見，由陳武官擔任譯譯，吉朗勛爵報告邱吉爾首相已於下午三時半抵開羅，擬即於五時前來拜訪委座。委座答以明日再約，婉謝之。吉朗勛爵辭去後，委座召王祕書長商談，乃定於當日下午先往拜訪邱吉爾首相，由陳武官電話約定去時，至時由王祕書長隨往擔任翻譯。

晚七時，警衛營副營長布洛克少校來報告第一號別墅警衛人員舉行會議，請我方派人參加，由俞侍衛長派定陳武官出席。

第一號別墅警衛人員會議紀錄

時　　間：十一月二十一日下午七時

地　　點：第一號別墅接待室

出席人員：威爾遜少校（Major Wilson）英國陸軍戰地治安隊 Field Security Unit
沙遜少校（Major Samson）英國陸軍戰地治安隊 Field Security Unit
布洛克少校（Major Brooke）警衛營副營長 2nd in Command Watch Regt.
柯賓少校（Major Corbin）警衛營 Watch Regt.
埃弗來中尉（Lt. Everett）第一號別墅及附近地區衛官

其餘警衛營營長吉布生中校（Lt. Col. Gibson），與第一號別墅警衛連連長瓦梯金上尉（Capt. Watkins），因職務未到。

報告

一、布洛克少校報告第一號別墅警衛配備情形。（如附圖）

二、威爾遜少校報告委座與夫人外出時，乘車警戒布置如下圖：

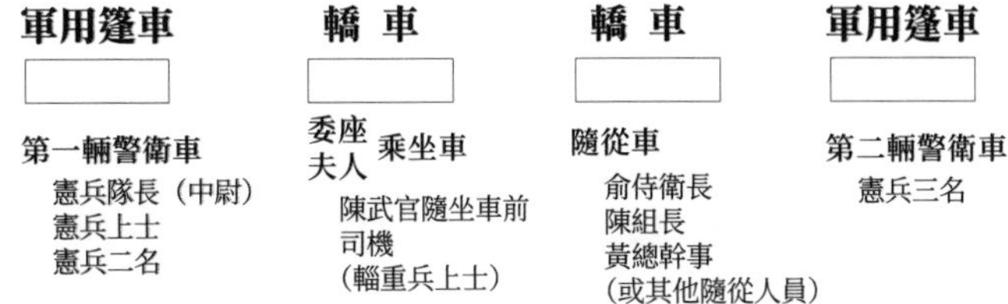

第一輛警衛車負責引道，並指揮車輛，如係赴公共場所參觀，或遊覽名勝，並添派便衣警衛人員，於事先赴參觀遊覽地點警戒。

三、布洛克少校報告請委座留意事項，請轉報：

1. 天黑後，請勿往花園散步，對後園之門窗須關閉。
2. 第一號別墅左側設有防空壕一所，專備委座與夫人使用，遇空襲警報時，由警衛人員導往。
3. 委座在別墅附近散步時，請勿越警戒圈，如能限在行人小徑上散步最好，並請在外出散步前半小時通知警衛人員，以便肅清閒人。
4. 外出遊覽名勝，或赴公共場所，請在二、三小時前通知，以便布置警戒。

布洛克少校並謂：開羅居民複雜，誠恐有同情軸心之不良分子擾亂，故三國領袖官邸與大會會場皆經嚴密警戒，大會會場與委座官邸、邱吉爾首相官邸由英軍一營警戒，羅總統官邸則由美軍警戒，美軍並協助警戒大會會場。

德方無線播音，已宣布三國在開羅會議，故會議之舉行，已為敵知。敵人於夜間以飛機降落間諜於開羅附近，潛入活動，頗屬可能，故尤有嚴密警戒之必要。

四、我方提議

1. 委座喜在後園辦公或靜坐，應請警衛連添派衛兵二名，在後園警戒。（原有一名。）
2. 委座遊覽名勝時，不喜多人隨從，故請多派便衣警衛人員，少派武裝警衛人員，以免令人注意。

附第一號別墅及附近地區警戒配備圖。

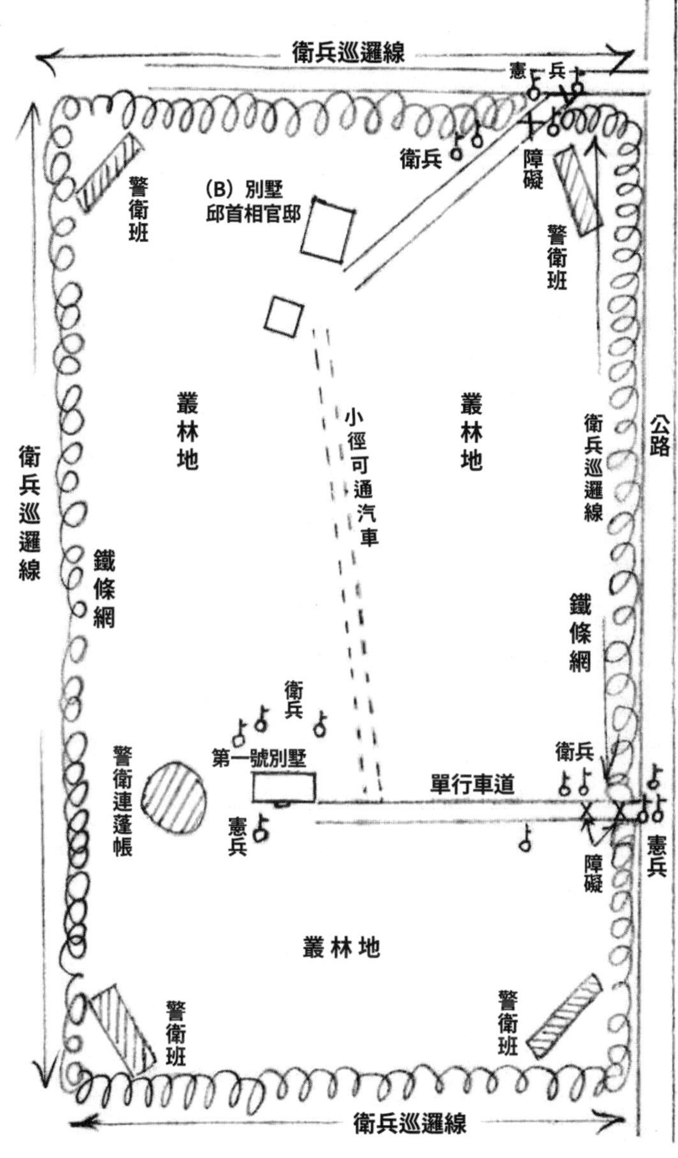
衛兵巡邏線
憲兵
衛兵
障礙
警衛班
(B) 別墅
邱首相官邸
警衛班
叢林地
小徑可通汽車
叢林地
衛兵巡邏線
公路
衛兵巡邏線
鐵條網
鐵條網
衛兵
衛兵
第一號別墅
警衛連蓬帳
單行車道
憲兵
障礙
憲兵
叢林地
警衛班
警衛班
衛兵巡邏線

11 月 22 日　星期一

上午九時，委座召集全體隨從人員在第一號別墅訓話，指示工作分配，並令每日按時辦公。

是日上午，俞侍衛長巡視第一號別墅警戒設備，並防空洞，將第一號別墅警衛情形及應注意事項，報告委座。委座在後園休息時，由俞侍衛長隨侍，或臨時指派陳武官代替。委座外出時，俞侍衛長派定由陳武官隨坐車前，車前原有憲兵上士一名乘坐，後調往第一部警戒車。（參閱警衛會議紀錄中行動警戒圖。）

正午十二時，邱吉爾首相來第一號別墅回拜，委座與夫人同出接見。邱首相隨從人員有蒙巴頓勛爵、魏亞特中將、阿利弗夫人（邱之二女公子）、湯姆生中校（邱之副官）、道卜生中校（蒙之副官）。

下午一時，羅斯福總統私人祕書霍樸金斯來見。上午邱首相來訪時，已獲知羅總統於是日上午抵開羅。遂由霍樸金斯代約定委座暨夫人於五時往拜訪羅總統。

晚九時，委座召史迪威將軍來見，至時史將軍未來，以電話詢之，則史已赴羅總統官邸開會。至十時，委座命商主任與林主任候史將軍來代見，將談話經過紀錄，於明晨呈閱。十一時半史未來，商主任與林主任遂同赴史將軍處，陳武官隨往擔任紀錄。

11 月 23 日　星期二

晨八時，將昨晚商、林二主任與史迪威將軍談話經過紀錄，呈閱。

十時，史迪威將軍來見。

十一時，委座暨夫人赴羅總統官邸出席首次三領袖會議。一同出席者，有王祕書長、商主任、林主任、朱武官。

下午五時，英中東大臣克西及其夫人來見。

五時三十分，哈萊將軍來見。

六時，美國參謀總長馬歇爾將軍來見。

七時三十分，委座暨夫人赴羅總統晚宴。

十時半返。

11 月 24 日　星期三

上午十時三十分，英中東總司令威爾遜上將來見。

下午一時，美國供應部長索木威爾將軍來見。

六時，蒙巴頓勛爵來見。

晚八時三十分，委座暨夫人赴邱首相晚宴，宴後舉行談話。十時返。

11 月 25 日　星期四

上午十一時，邱吉爾首相來訪，隨來者有艾登外相、蒙巴頓勛爵、魏亞特將軍並副官二人。

十一時四十五分，索木威爾將軍來迎接委座與夫人前往羅總統官邸，參加三國領袖並高級幕僚攝影。

十二時，委座與夫人赴羅總統官邸攝影。我方隨往參加攝影者，有王祕書長寵惠、商主任震、林主任蔚。

下午四時，委座暨夫人赴羅總統官邸茶會。

11月26日　星期五

上午九時，召見史迪威將軍。

十時三十分，蒙巴頓勛爵來見。

十一時，委座召見安諾德將軍、索姆威爾將軍、史迪威將軍、費拉將軍、史屈梅爾將軍、陳納德將軍等六人。

十一時十分，夫人往訪羅總統，有所商談。

十二時，美國海軍參謀長金將軍，由朱武官約來見，並留午餐。

下午三時，委座暨夫人赴羅總統官邸會議。

五時，委座暨夫人在第一號官邸舉行招待茶會。

六時三十分，接見希臘總理，由湯代辦陪見。

八時，霍浦金斯來見，並留晚餐。

十一月二十六日下午五時在第一號別墅舉行招待茶會來賓名單

英國中東大臣克西及克西夫人

英國外相大臣艾登

英國駐埃及大使吉朗勛爵及勛爵夫人

英國駐蘇聯大使卡爾爵士

英國外交次長賈德幹爵士

美國駐希臘大使兼駐埃及公使喀克

美國駐英大使魏南特

美國駐蘇聯大使哈立門

阿立弗夫人（邱首相之次女公子）

派克祕書

英國駐美軍事代表團團長笛爾元帥

英國陸軍參謀總長布洛克上將

英國空軍參謀總長博多爾上將

英國中東軍總司令威爾遜上將

英國駐埃及陸軍總司令斯通中將及斯通夫人

蒙巴頓勛爵

魏亞特中將（邱首相特派駐重慶代表）

英國地中海空軍總司令道格拉斯上將

英國駐中東空軍總司令泰德上將及泰德夫人

羅斯福上校（羅總統之次公子）

波梯格少校（羅總統之婿）

湯武代辦及湯夫人

11 月 27 日　星期六

上午九時，接見美北非軍總司令愛森豪威爾將軍。

十時，召見陳納德將軍。

十二時三十分，召見史迪威將軍。

下午一時，美駐埃及公使喀克來見，並午餐。

二時，委座暨夫人由格林爵士嚮導，遊覽金字塔並回教教堂二所，及死城等名勝。五時返，途中委座暨夫人赴中國公使館視察。

七時，在第一號官邸接見埃及內宮大臣，由湯代辦陪見。該內宮大臣攜來鮮花二束，一為埃王致委座者，一為埃后致夫人者。

十時，委座暨夫人並第一號別墅隨從人員乘車赴培因飛機場，十一時抵達機場，在機場歡送者：有克西及其夫人、喀克大使等數十人，飛機於午夜起飛離開羅。

駐美軍事代表團團員蔡文治隨節參加開羅會議日記

11月21日

（一）本（廿一）日上午七時十分抵開羅之美軍飛機場，當由英軍官及美國第九航空隊軍官迎接至開會地點之米納（Mena，尼羅河西岸，在開羅西南十五公里），先到米納旅館會場早餐，然後由會場總務處送至廿一號官舍。

（二）在米納旅館早餐時，當向會場詢問處詢明開會之組織如下：

（1）以米納旅館為會場，中、美、英出席人員分住米納旅館四周之官舍。（如附圖）
委座住第一號官舍，中國方面隨員分駐第廿一號、第廿七號官舍，邱吉爾首相住第十八號官舍，美國馬歇爾參謀總長及空軍總司令安諾德住第四號官舍，海軍總司令金氏住第八號官舍。

（2）大會不另設祕書處，以華盛頓英美聯合參謀部之祕書任其事。美國方面由馬歇爾之祕書丁少將（Major Gen. Deane）及海軍上校魯耶爾（F. B. Royal）為祕書。

（3）大會事務之組織會場中，關於飲食、交通、醫務、郵信、警衛、防空，均有完備之組織。

（三）午後三時電話美國陸軍部作戰科長田柏門（Timberman），約期往訪，並詢問美國方面到會人員（英、美出席人員名單如另紙）及開會程序，據云：並無正式議程。

11月22日

（一）上午八時赴委座行轅辦公，當日為明悉是否確有開會議程，經電話大會祕書魯耶爾海軍上校，據云：無議程。並往米納旅館拜訪馬歇爾之祕書丁恩少將。

（二）午後八時奉林主任交下日本昭和十七、十八年度造艦之總調查表，當澈夜畫表翻譯，至夜半完成。

11月23日

（一）午前八時隨商主任、林主任赴委座行轅辦公，並呈出承辦之日本造艦總表。

（二）午後三時隨商主任、林主任至米納旅館參加中英美聯合參謀會議，其會議情形如下：

中美英第一次聯合參謀會議

時　　間：民國卅二年十一月廿三日午後三時卅分

地　　點：開羅米納旅館

出席人員：中國方面　商主任震

林主任蔚

周主任至柔

楊廳長宣誠

朱武官世明
蔡團員文治
美國方面　羅斯福總統私人參謀長李海大將
（英美聯合參謀部主席）
陸軍參謀總長馬歇爾上將
海軍總司令金氏大將
陸軍空軍總司令安諾德上將
中國戰區參謀長史迪威中將
第十四航空隊司令陳納德少將
英國方面　帝國參謀總長布魯克上將
海軍參謀總長肯寧漢元帥
空軍參謀總長波多爾元帥
東南亞盟軍總司令蒙巴頓大將
主　　席：英帝國參謀總長布魯克

主席謂，攻緬計畫，本日上午已由蒙巴頓將軍報告，其報告之材料是否充分，中國方面對於此計畫有何意見，希提出討論。

中國方面首席代表商震將軍謂，報告之計畫，並不十分詳盡，且時間倉卒，中國方面無法研究，希英方將此項計畫詳細告知，俾充分研究後，再提出討論。

主席布魯克即感不愉之色，並謂吾人亦係上午聽取此項計畫，如中國方面不能討論，則延宕全部會議時間。

中國首席代表商震將軍謂，如吾人事先知悉全部計畫或議事程序，本日當可提出意見，但吾人事先並不知悉，亦無充分時間研究，請延至下次討論。

故決議將攻緬計畫延至廿四日午後三時再行討論，並決定派蒙巴頓之副參謀長攜帶計畫，隨史迪威爾，及史之參謀長於午後六時至一號官舍研究。

（三）午後六時，蒙巴頓之副參謀長與史迪威及史之參謀長三人攜帶攻緬計畫來一號官舍研究，本人在座紀錄，並於當夜將原計畫筆記整理。又將英方攻緬計畫圖翻譯繪畫一份，同時將林主任與史迪威研究之提案整理，澈夜工作，至翌晨二時完成，呈林主任。

（四）英方攻緬計畫及附圖，暨林主任與史迪威研究之提案，均另有記載，不在此記錄，惟蒙巴頓之參謀長口述與本計畫有關事項，記述如左：

（1）英軍在阿拉勘方面，如前進至瞞倒與布提當之線成功，仍向阿恰布攻擊。

（2）英國在印白人軍共有兩師。

（3）預定由空運至因陶之50D，除原編制外，尚附有工兵部隊，以便築工固守，並恢復交通。

（4）美國之滑翔機降落部隊，附有騾馬馱載砲兵，此項騾馬正割去其聲帶，俾馬騾不致嘶鳴，便於作戰。此種以滑翔機載運部隊馬匹在敵後著陸，在新幾內亞與西西里島作戰，均甚成功。

（5）英國方面估計敵人在緬空軍兵力及英國預期使用空軍兵力：

（a）敵人空軍兵力之估計

現在　戰鬥機一〇〇架
　　　轟炸機九〇架

三月初
可增至　戰鬥機二〇〇架
　　　轟炸機一五〇架

（b）英空軍兵力

現在　重轟炸機三二架
　　　中型轟炸機三二架
　　　俯衝轟炸機九六架
　　　魚雷機三二架
　　　戰鬥機二二五架
　　　雙發機戰鬥機一〇八架
　　　戰鬥轟炸兩用機九六架
　　　偵察機八〇架
　　　運輸機一二五架
　　　照相機二〇架
　　　　　　　　共八四六架

三月初
可增至　重轟炸機四八架
　　　輕轟炸機三二架
　　　俯衝轟炸機九六架
　　　魚雷機三二架
　　　戰鬥機二八八架
　　　雙發動機戰鬥機九八架
　　　　　　〔九六〕
　　　戰鬥轟炸兩用機九六架
　　　偵察機八〇架
　　　運輸機一二五架
　　　照相機二〇架
　　　　　　　　共九一三架

11月24日

（一）上午六時起床後，將昨晚整理之英軍攻緬作戰計畫，及所繪之計畫圖，暨本日開會提案文呈林主任。午前八時赴委座官邸辦公。

（二）下午三時隨商主任、林主任赴米納旅館參加中英美聯合參謀會議，其會議經過如下：

第二次中英美聯合參謀會議

時　　間：民國卅二年十一月廿四日午後三時卅分

地　　點：開羅米納旅館

出席人員：與第一次參謀會議同

主　　席：英帝國參謀總長布魯克

主席請中國參謀團提出意見，開始討論英國所擬之攻擊緬甸計畫。

中國方面商主任照預擬之提案提出，由朱武官翻譯，其提案如左：

（一）英軍攻緬作戰使用兵力之研究

（1）英國對攻緬作戰，共有白人部隊若干？在印白人軍隊是否全部參加作戰？

（2）有無裝甲部隊及特種部隊參加作戰？

（3）攻緬各部隊作戰經驗如何？

（4）英軍對阿恰布有無登陸作戰計畫？

（5）吉大港北方有無預備隊？

（二）關於英軍作戰行動者

（1）英軍前進至清德溫河西岸後，是否繼續前進？其目的地為何？

（2）英軍佔領卡薩後作何準備？

（3）在葡萄之英軍作何用途？

（4）在八莫、臘戍方面有無突擊隊？

（三）中國對於攻緬作戰計畫之要求

（1）海上行動須與陸上行動同時，英方之海上行動計畫如何？

（2）中國運輸量每月一萬噸，必須維持。

（3）攻緬作戰第一期至少應以曼德勒為目標，第二期應以仰光為目標。

英方由蒙巴頓將軍答覆：

（一）攻緬各部隊中均有白人，裝甲部隊有一旅參加。各部隊配屬有砲兵，另無獨立砲兵。81D 曾參加北非作戰。阿恰布方面將來有登陸協同作戰計畫之準備。吉大港北方有 26D 及 81D 之一旅為預備隊。

（二）英軍前進至清德溫河西岸後，爾後儘可能前進。佔領卡薩後，將以一部推進。葡萄之英軍擬於二月十五南進，協同中國之新一軍攻擊密支那。八莫、臘戍方面有美軍突擊隊，於三月初以滑翔機降落，三月中旬向臘戍、苗謀間活動。

（三）關於英國海軍行動問題，當由英海軍參謀長肯寧漢元帥答覆，英國在海上定有行動，其詳細情形由邱首相面告委座。

（四）關於運輸噸位問題，蒙巴頓謂，此案已在黃山會議討論，作戰開始後一萬噸難辦到。

關於攻擊目標，英方已有攻擊曼德勒之計畫，但使用兵力較多，更影響中國之運輸噸位。其答覆此問題時，並將攻擊曼德勒計畫圖示出。此計畫至廿七日送交我方，即假定攻擊曼德勒英方所需之空運飛機數目與噸位表，並非確定之計畫。

11 月 25 日

（一）本日上午九時至米納旅館辦公，大會祕書魯耶爾詢我國出席參謀會議人員名單，當即告知其名單如左：

商　震　上將　　林　蔚　中將　周至柔　中將
楊宣誠　海軍中將　朱世明　中將　蔡文治　少將

（二）下午三時赴米納旅館辦公，美國魏勞爾少將云軍事會議已結束，並無會議紀錄發出。

11 月 26 日

本日上午隨楊廳長拜訪美國方面在米納旅館諸人，下午整理廿四日開會紀錄。

11 月 27 日

（一）上午十時委座召集全體隨員訓示。

（1）此次會結果，政治方面甚圓滿，軍事方面英國海軍與陸上同時行動問題，羅總統已保證。

（2）空運噸位一、二月份尚待商洽。

（3）史迪威將軍暫留開羅，接洽會後之事。商主任不必留。

（二）午後六時英方送到關於假定攻擊曼德勒之計畫，由林主任分交朱武官及本人翻譯計畫文及附圖。八時辦理完畢。（原件另有存稿。）

（三）午後十一時委座及夫人乘第一批飛機離開羅。夜二時余等一行乘第二批飛機離開羅。

BRITISH

NAME	DEPARTMENT
BLOMFIELD, Brigadier	War Office
BOYLE, Lieut. Col.	W. A. / C. I. G. S.
BROOKE, Gen. Sir Alan	C. I. G. S.
COBB, Brigadier	S. E. A. C.
CADOGAN, Sir Alexander	Foreign Office
CARTON DE WIART, Lt. Gen.	S. E. A. C.
CHIENE, Colonel	War Office
CLARK-KERR, Sir A.	H. M. Ambassador
COLERIDGE, Commander	War Cabinet
CORNWALL-JONES, Col.	War Cabinet
CORBETT, Major	Combined Ops.
CRADDOCK, Lieut. Col.	War Office
CUNNINGHAM, Adm. Sir A.	1st Sea Lord
DENING, Mr.	Counsellor S. E. A. C.
DILL, Field Marshal Sir. J.	
DOBSON, Lieut. Col.	S. E. A. C.
EDEN, Mr. Anthony	Foreign Sec.
ELLIOT, Air-Cmdre.	Director of Plans, Air Min.
ELSWORTHY, Brigadier	D. P. S.
FLEMING, Commander	Admiralty
GREEN, Mr.	War Cabinet
GRIERSON, Group. Capt.	Air Ministry
HANKEY, Major	War Cabinet
HEAD, Brigadier	Combined Ops.
HEWAN, Wing-Commander	Air Ministry
HOLDEN, Major	M. A. / Q. M. G.
HOLLIS, Brigadier	Secretary, C. O. S. Committee
HOLMES, Major-General	Director of Movements, War Office
HUGHES-HALLET, Captain	Admiralty
ISMAY, Lieut. General, Sir Hastings L.	War Cabinet
JACKSON-TAYLOR, G / Capt.	Air Ministry
JEFFREY, Major	Catering Officer
KIRBY, Major General	Director of Civil Affairs
KIRKMAN, Brigadier	D. D. M. I., War Office
KNOTT, Pay Commander	War Cabinet
LAMBE, Captain	Director of Plans, Admiralty
LAYCOCK, Major-General	Chief of Combined Operations
LEATHERS, Lord	Minister of War Transport
LEE, Wing Commander	Air Ministry
LEE, Captain	Royal Signals

NAME	DEPARTMENT
LUSHINGTON, Colonel	155 Area Commdr.
MACMILLAN, Mr.	Minister of State, North Africa
MALLABY, Lieut. Col.	War Cabinet
MARLING, Junior Cr.	Combined Ops.
MARTEL, General	30 Mil. Mission
McLEOD, Maj. Gen.	S. E. A. C.
McNAIR, Brigadier	War Cabinet
METCALFE, Sir Ralph	M. W. T.
MILNE, Major	War Office
MOORSHEAD, Maj-Gen.	D. A. G.
MORAN, Lord	War Cabinet
MORTON, Major	
MOUNTBATTEN, Admiral Supreme Commander, Lord Louis	
PEDDER, Commander	Admiralty
PELLY, Commander	Admiralty
PETRIS, Section Offr.	Combined Ops.
PHILLIPS, Brigadier	Director of Movements, North Africa
PORTAL, Air Chief Marshal, Sir Charles	C. A. S.
RANSOME, Brigadier	War Office
RAWLINS, Major	War Cabinet
RAY, Colonel	War Office
REDMAN, Brigadier	War Cabinet
RIDDELL-BEBSTER, Gen.	Q. M. G.
SAYERS, Lieut. Cmdr.	
SCHOOLING, Lieut. Col.	War Office
SCRIMGEOUR, Wing-Cr.	Air Ministry
SUGDEN, Brigadier	D. of Plans, War Office
TEDDER, Air Chief Marshal	
TOMES, Wing Commander	Air Ministry
TOPHAM, Lieut.	Combined Ops.
THOMPSON, Commander	Admiralty
THOMPSON, Commander C. R.	Conference Secretariat
WHITEHEAD, Major	War Office
WILLIAMS, Brigadier	War Office
WILLIAMS, Lieut. Col.	War Office
WILSON, Lieut. Col.	S. E. A. C.
WILSON, Sqn Leader	Conference Secretariat

AMERICAN

NAME
ARMSTRONG, D. P. Lt. Col.
ARNOLD, H. H. General
BADGER, O. C. R. Admiral
BAHM, G. H. Capt. USN
BESSELL, W. W. Colonel
BETTS, T. J. Colonel
BIERI, B. H. Rear Admiral
BOGART, F. H. Lt. Col.
BOONE, J. W. Colonel
BRADY, E. C. Capt. USN
BRITTINGHAM, Major
BURROUGH, E. M. Capt. USN
CARTER, A. F. Commodore
CARTER, M. S. Lt. Col.
CHAPMAN, W. W. Major
CHEVES, G. X. Brig. Gen.
CHANNAULT, Maj. Gen.
CLARKIN, T. R. Lt. Col.
COBB, Brig. Gen.
COOKE, C. M., Jr. R/Admiral
DONELLY, C. H. Lt. Col.
DOYLE, A. K. Capt. USN
FAIRCHILD, M. S. Maj. Gen.
FERENBAUGH, Colonel
FISCHLER, P. K. Capt. USN
FITZGERALD, W. F. Capt. USN
FRESEMEN, W. L. Capt. USN
GALLANT, E. B. Lt. Col.
GERHARDT, H. A. Lt. Col.
GUNNER, M. J. Colonel
HAMMOND, T. W. Colonel
HANDY, T. T. Major Gen.
HANSELL, H. S. Jr. Brig. Gen.
JACKSON, W. B. Lt. Commander
KEITH, C. D. Lt. Col.
KING, E. J. Admiral
KIRKPATRICK, C. C. Commander
KUTER, L. S. Brig. Gen.
LEAHY, W. D. Admiral
LEVY, G. Captain
LINCOLN, R. B. Lt. Col,
LINDSAY, R. C. Colonel
LONG, B. D. Commander
LOWE, F. L. Capt. USN
LUEDECKE, Col.
LUTES, L. Major Gen.
MACFARLAND, A. J. Colonel

NAME
MAGRUDER, C. B. Colonel
MARSHALL, G. C. General
MARTIN, E. Jr. Capt.
MARCUS, D. Colonel
McCARTHY, C. W. Colonel
McCLOY, J. J. Mister
McLEOD, Maj. Gen.
McRAE, W. A. Lt. Colonel
McDANIEL, E. H. Colonel
MERRILL, Colonel
MILLER, C. E. Major
NIMMER, D. R. Colonel USMC
O'DONNELL, E. Colonel
OLDS, T. S. Colonel
OSBORN, E. R. Capt., USN
RITCHIE, W. L. Colonel
REID, A. D. Colonel
RICHARDSON, B. N. Captain
ROBERTS, F. N. Brig. Gen.
ROBINSON, A. Mister
ROSS, T. H. Lt. Commander
ROYAL, F. B. Capt. USN
ROYCE, R. Maj. Gen.
RUESTOW, P. E. Colonel
SCHALLER, Capt.
SCHNEIDER, F. Mister
SHAUNESEY, Lt. Col.
SILVERTHORNE, C. D. Colonel
SLOCUM, H. B. Capt. USN
SMITH, J. Colonel
SMITH-HUTTON, H. H. Capt. USN
SOMERVELL, B. B. Lt. General
STILWELL, Lt. Gen.
STOKES, M. B. Jr. Colonel
STRATEMEYER, Maj. Gen.
TANSEY, P. H. Brig. Gen.
TIMBERMAN, T. S. Colonel
TODD, W. E. Colonel
TREXEL, C. A. Capt. USN
WEDEMEYER, Maj. Gen.
WHITTEN, L. P. Brig. Gen.
WILD, H. H. Lt. Col.
WILDMAN, F. S. Lt. Col.
WILLIAMS, W. L. Lieut. USNR
WILLIAMSON, A. Colonel
WILLSON, R. V/Admiral
WOLFINBARGER, W. R. Colonel

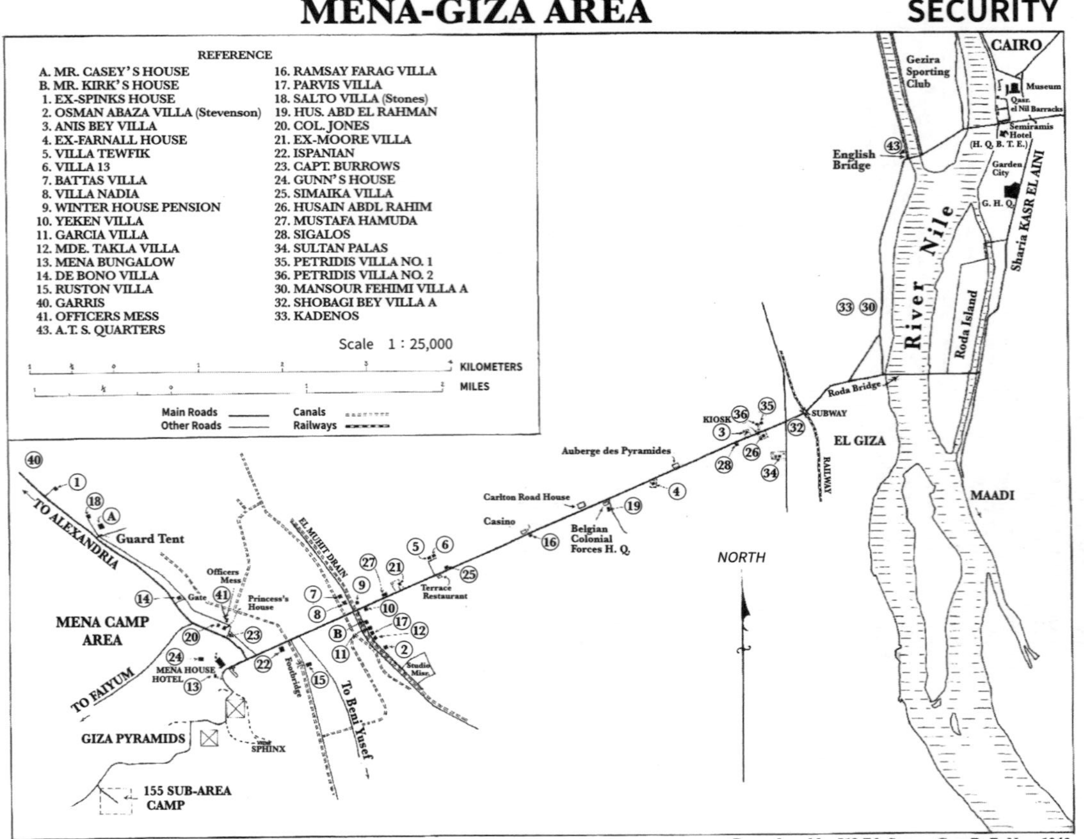
MENA-GIZA AREA
SECURITY
REFERENCE
A. MR. CASEY' S HOUSE
B. MR. KIRK' S HOUSE
1. EX-SPINKS HOUSE
2. OSMAN ABAZA VILLA (Stevenson)
3. ANIS BEY VILLA
4. EX-FARNALL HOUSE
5. VILLA TEWFIK
6. VILLA 13
7. BATTAS VILLA
8. VILLA NADIA
9. WINTER HOUSE PENSION
10. YEKEN VILLA
11. GARCIA VILLA
12. MDE. TAKLA VILLA
13. MENA BUNGALOW
14. DE BONO VILLA
15. RUSTON VILLA
40. GARRIS
41. OFFICERS MESS
43. A.T. S. QUARTERS
16. RAMSAY FARAG VILLA
17. PARVIS VILLA
18. SALTO VILLA (Stones)
19. HUS. ABD EL RAHMAN
20. COL. JONES
21. EX-MOORE VILLA
22. ISPANIAN
23. CAPT. BURROWS
24. GUNN' S HOUSE
25. SIMAIKA VILLA
26. HUSAIN ABDL RAHIM
27. MUSTAFA HAMUDA
28. SIGALOS
34. SULTAN PALAS
35. PETRIDIS VILLA NO. 1
36. PETRIDIS VILLA NO. 2
30. MANSOUR FEHIMI VILLA A
32. SHOBAGI BEY VILLA A
33. KADENOS
Scale 1 : 25,000
KILOMETERS
MILES
Main Roads
Other Roads
Canals
Railways
CAIRO
Gezira Sporting Club
Museum
Qasr. el Nil Barracks
Semiramis Hotel
(H. Q. B. T. E.)
English Bridge
Garden City
G. H. Q.
Sharia KASR EL AINI
River Nile
Roda Island
Roda Bridge
SUBWAY
EL GIZA
RAILWAY
MAADI
KIOSK
Auberge des Pyramides
Carlton Road House
Casino
Belgian Colonial Forces H. Q.
NORTH
TO ALEXANDRIA
Guard Tent
EL MUHIT DRAIN
Terrace Restaurant
Officers Mess
Princess's House
Gate
MENA CAMP AREA
MENA HOUSE HOTEL
Footbridge
Studio Misr.
To Beni Yusef
TO FAIYUM
GIZA PYRAMIDS
SPHINX
155 SUB-AREA CAMP
M. D. R. Misc. 7182
Reproduced by 512 Fd. Survey Coy. R. E. Nov. 1943

附錄

軍令部部長徐永昌聽取楊宣誠、蔡文治參加開羅會議報告

《徐永昌日記》，1943 年 12 月 2 日

中央研究院近代史研究所檔案館藏

楊廳長報告往開羅經過：

二十日委員長在哈拉蚩校閱我空軍，二十一日到開羅，邱吉爾亦同日到達。

二十二日羅斯福到。

二十三日上午三首腦會議，我方商、林、朱預會蒙巴頓，報告作戰計畫，委員長要求：

（一）海陸空三軍攻緬。

邱表示無必要，最後肯寧漢允大西洋艦隊一部開印度洋，開動期由邱通知委員長。

（二）反攻目標最低限度到曼得勒。

羅同意，邱則勉強同意。

下午開軍事會議，我方出席者商、林、周、楊、朱、蔡，英方出席者參謀總長布洛克、海軍大臣肯寧漢、空軍總司令派多爾及狄爾元師、蒙巴頓等，美方出席者參謀總長李海、海軍總司令金氏、陸軍參謀總長馬歇爾、空軍總司令安樂德。英參謀總長布洛克主席，態度踞傲，我方事前未得通知，無意見，因改再會。

二十四日上午開情報會議，三國情報人員均到，英認緬敵至多六師，我認敵已有七師半，將來可能增至十師。敵海軍七艦隊。其空軍英認第一線三千二百架（每月產一千架），我方認有七千架以上，美方認有四千架至五千架。英方認敵在越、泰、緬有一百五十架至二百架，將來可能增至三百至四百架，我方認現有七百架，將來可能增至乙千五百架。

本日下午軍事會議（以下蔡文治報告）：

英軍方面攻緬作戰計畫：

（一）吉大港方面十五軍團，計英印軍第五、第七兩師及英黑軍之八十一師之一旅，以兩師一月十五日攻至孟陶蒲、鐵同之線，以一旅攻泊來瓦。該軍團任務在掩護加爾格答區域安全，可能時佔領阿恰布。

（二）因菲爾方面，第四軍團計英印軍第十七、第二十、第二十三，三師，一月十五集中完畢，二月十五以前進出清德溫江西岸地區，然後以一師向尤獲過河活動。

（三）總預備隊計英印軍之第二十六師及英黑軍第八十一師之一旅，控置吉大港北方，皆有空運準備，可向任何方面使用。

（四）空運部隊計英印軍第五十師及降落繖部隊，英黑軍八十一師之一旅在吉大港、馬尼坡中間地區。三月中旬以降落繖旅佔領因陶飛機場（英軍之左翼），其五十師由空運運至，確佔因陶。

（五）英突擊隊三隊（每隊二千二百人，馬三百三十匹，馬均曾割喉使無聲），第一隊由吉大港出發，二月中旬到達敏揚，目的在截斷曼得勒西南交通，援助第四軍團及因陶方面之作戰。第二隊由尤獲出發，二月底佔領因陶南側鐵道線，三月中旬向因陶攻擊，援助降落部隊佔領機場。第三隊由列多出發，三月中旬以一部向因陶攻擊，援助降落部隊佔領機場，由北向南攻擊，並須佔領卡薩。另一部三月中旬向密支那攻擊，援助中國新一軍攻密支那。中國軍列多方面決議新一軍由列多出發，三月中旬攻擊孟拱及密支那，四月底主力到八莫，一師到卡薩。雲南方面決議三月中旬攻擊騰衝、龍陵，四月底到八莫、臘戌之線。美軍突擊隊（三千人）由薩的亞出發，由滑翔機輸送，全為美人精銳者，三月初在八莫西南之伊洛瓦底江南岸平地降落，降落後分六縱隊向臘戌及曼得勒中間地區，援助中國軍隊在八莫、臘戌作戰。空軍英九百架（三月間），美乙千五百餘架。英海軍大約四主力艦、四航母艦於四月間行動，日期不定。

民國史料 084

擘劃東亞新秩序——
開羅會議中國代表團紀錄彙編

Historical Materials on China Mission to the Cairo Conference, 1943

主　　編　呂芳上
總 編 輯　陳新林、呂芳上
執行編輯　李佳若
封面設計　溫心忻
排　　版　溫心忻
助理編輯　林熊毅

出　　版　開源書局出版有限公司
香港金鐘夏慤道 18 號海富中心
1 座 26 樓 06 室
TEL：+852-35860995

民國歷史文化學社 有限公司
10646 台北市大安區羅斯福路三段
37 號 7 樓之 1
TEL：+886-2-2369-6912
FAX：+886-2-2369-6990

http://www.rchcs.com.tw

初版一刷　2023 年 7 月 31 日
定　　價　新台幣 400 元
港　幣 110 元
美　元　15 元
I S B N　978-626-7157-98-5
印　　刷　長達印刷有限公司
台北市西園路二段 50 巷 4 弄 21 號
TEL：+886-2-2304-0488

國家圖書館出版品預行編目 (CIP) 資料
擘劃東亞新秩序：開羅會議中國代表團紀錄彙編 = Historical materials on China mission to the Cairo Conference, 1943/ 呂芳上主編 . -- 初版 . -- 臺北市：民國歷史文化學社有限公司 , 2023.07

面；　公分 . -- (民國史料 ; 84)

ISBN　978-626-7157-98-5 (平裝)

1.CST: 開羅會議　2.CST: 會議實錄

578.11　　　112012275